Addiction 중독

김상철 지음

출판사
누가

중독

초판2쇄 발행 2014년 7월 15일

지은이 김상철
펴낸이 조유선
펴낸곳 누가출판사

등록번호 제315-2013-000030호
등록일자 2013. 5. 7
주소 서울시 강서구 공항대로 637 B-102 (염창동, 현대아이파크상가)
전화 (02)826-8802 팩스 (02)826-8803
E-mail sunvision1@hanmail.net

정가 13,000원
ISBN 979-11-950635-9-8

중독
Addiction

김상철 지음

Contents
차 례

• 프롤로그 1

• 프롤로그 2

I. 중독의 특성

　1. 중독의 특성과 복음 _16

　2. 교회와 중독 _20

　3. 가정과 중독 _26

　4. 왜 중독 되는가 _28

II. 중독의 종류와 상담 및 사례

　1. 게임중독 _32

　2. 디지털중독 (SNS, 스마트폰) _44

　3. 마약중독 _61

　4. 알코올중독 _96

　5. 도박중독 _125

　6. 성형중독 _133

Ⅲ. 중독에 대한 견해

- 박종연 박사 _150
- 강규형 소장 _153
- 이상호 목사 _161

Ⅳ. BETEL 공동체

- BETEL 공동체에 대하여 (권오중과 윤소영의 대화) _176
- BETEL의 10가지 특징 (엘리엇 테퍼 인터뷰) _200
- 엘리엇 테퍼의 속마음 _226
- BETEL에서의 2가지 이야기 (삽화) _230

• 에필로그 _260

프롤로그 1

김상철 목사
영화〈중독〉감독

2009년 10월 어느 날, 잊혀진 가방을 제작하고 있을 당시 WEC 국제 총재를 지냈던 에반 데이비스와 이야기를 하고 있었다. 그는 사뭇 진지하게 말했다.

"김 목사님, 나는 이제 현장 사역에서 은퇴를 했습니다. 그리고 현재 WEC의 지난 100년사를 기록으로 남기고 있습니다. 그런데 근래 기도를 할 때마다 하나님께서 저에게 주시는 감동이 있습니다. 그것은 다름 아니라 앞으로 4, 5년 내에 전 세계의 전도와 선교의 핵심 키워드가 있을 것입니다. 그것은 '중독'입니다. 혹시 '중독'과 관련된 영화를 한번 제작해 보지 않겠습니까? 만약 그렇게 결정한다면 제가 한 사람을 소개하고 싶습니다."

그는 매우 진지하고 간절함을 가지고 나에게 말을 하고 있었으나 나는 그다지 그 문제를 받아들이고 있지 않았다. 중독의 문제가 나에게 직접적으로 와 닿지 않았기 때문이었다. 1년 정도의 기도시간이 필요했다. 그 이후 제작을 결정하고 촬영을 시작하게 되었는데 그때가 2010년 10월이었다. 이 예언적인 한 선교사의 고백이 오늘날 중독이라는 영화를 만든 것이다. 그리고 지금의 현실을 보면 한 사람의 예언적 멘트가 얼마나 중요했는가를 다시 한 번 확인할 수 있었다. 작품을 하면서 미국, 영국, 스페인, 인도, 일본, 우리나라 등 많은 나라를 다녔다. 그리고 많은 사람들이 중독되어 있다는 것을 확인 할 수 있었다.

에반 데이비스 선교사가 특별하게 중독의 중요성을 언급한 이유는 3가지 때문이었다. 중독이 하나님과 우리의 관계를 무너뜨리고, 가정을 파괴하고, 개인을 황폐화시키기 때문이다. 결국 예배가 중독으로 인해 무너질 수 있다는 말이다. 그의 말은 현재 하나도 틀리지 않았다. 오늘날 우리의 자화상은 무엇인가에 중독된 채 살아가고 있다고 인정한다면 결코 중독 문제를 소홀하게 스치듯 넘겨서는 안 될 것이라는 것을 알 수 있을 것이다. 영화 〈중독〉을 제작하면서 동역자들에게 보낸 기도편지인데 향후 중독에 대한 교회와 가정의 반응에 대한 기대이기도 하기에 서두에 기록해 본다.

이 시간 저는 한국의 밤거리를 생각하고 있습니다. 음란과 유혹의 전단지가 난무하는 거리를 생각하고 있습니다. 비틀거리는 젊음과 오직 살기 위해, 좀 더 누리기 위해, 즐기기 위해 존재의 가치를 잊어버리고 살아가는 우리 모두를 생각합니다. 잘 사는 것이 무엇인지 모르는 우리 모두를 생각합니다. 잠시 머무는 곳이 이 세상이고 영원한 곳이 있다는 것을 잊고 살아가는 우리를 생각해 봅니다.

사회와 정치, 경제, 교육 등 모든 부분에서 그 누구도 책임감이 없이 살아가는 이 사회를 생각해 봅니다. 당연히 세상을 향해 무엇이 잘못되었는지 말해야 함에도 불구하고 우리의 문제를 부끄러워하며 여전히 침묵하는 교회와 그리스도인을 생각합니다.

우리의 청소년들이 자라고 있는 이 사회에서 앞으로 그들이 어떻게 살아야 하는지 생각해 봅니다. 각각의 중독 앞에 노출되어 있는 우리의 희망들이 과연 정상적인 삶을 살 수 있을지 돌아보면서 절망에 가까운 현실을 두려워하고 있습니다. 중독의 원인은 여러 가지가 있습니다. 하지만 그리스도인이 중독되는 가장 큰 이유는 "아버지의 나라"를 가르치지 않기 때문입니다. "아버지의 나라"를 가르치지 않는 교회가 얼마나 많은지 생각해 보며 한편으로는 마지막 때를 강조하며 우리 그리스도인의 자세를 가르치는 몇 안 되는 교회와 그 지도자들을 생각합니다. 그리고 여전히 바알에 굴복하지 않는 7천 인이 되어 살아가는 그리스도인을 생각합니다.

중독은 하나님과 우리의 관계를 단절시키는 것은 물론이고 가정과 개인과의 관계도 무너지게 만들고 있습니다. 이러한 시대적 현상을 우리가 그냥 보고 있으면 어떻게 되겠는지 생각해 보시면 가슴이 무너지는 아픔을 느낄 것입니다. 이 시대는 이미 지도자가 없는 시대가 되었습니다. 각자가 자신의 이익에 따라 움직이고 있습니다. 이제는 가치와 철학이 움직이는 시대가 되지 못하고 있습니다.

누가 감히 나는, 또는 우리 기관은 그리스도의 가치와 철학에 따라 움직이고 있다고 말할 수 있겠는지요. 예수님을 믿는 사람들도 교회에서 마땅히 배워야 할 그리스도인의 가치와 철학을 배우지 못하고 건물 속에 갇혀 있는 것이 현실입니다.

그 어떤 교회도, 교회의 지도자도 세상을 향해 무엇이 옳은 것인지, 무엇이 잘못되고 있는지 말하지 못하는 시대가 되었습니다. 그들끼리 우리끼리 문제만 제기할 뿐 세상에서 싸우지 못하고 있습니다. 교회에서 해야 할 일을 하면서 세상에 대해서도 우리가 마땅히 해야 할 일들을 해야 하는데 모두가 교회의 문제 속에 갇혀 있습니다.

아무리 옳은 것이라고 할지라도 교회가 세상을 버리고 있으면 어떻게 될 것인지 우리는 알아야 한다고 봅니다. 사단의 전략은 정말 무섭고 대단합니다. 복음을 전할 수 있는 길들이 얼마나 많이 차단되고 있는지 알아야 합니다. 우리는 세상이라는 전쟁터에서 함께 싸워야 하는데 그렇지 못하고 있습니다. 복음을 전해야 되지 않겠습니까? 예수님이 소망이고 영원한 곳이 있다고 말해야 되지 않겠습니까? 얼마나 많은 사람들이 각각의 삶에서 여러 모양으로 중독되어 살아가는지 알아야 되지 않겠습니까?

그래서 저는 〈중독〉이라는 문제를 영화를 통해서 제기하게 되었습니다. 이미 중독된 사람들과 자신이 중독되어 살아가고 있다는 것조차 모르고 있는 사람들에게 "오직 예수"라고 말하고 주님이 어떻게 중독 문제를 풀어가고 계신지 말할 것입니다. 희망과 소망을 말할 것입니다.

우리가 부족해서 하나님의 일이 제한되는 것과 엄청난 사단의 공격을 우리가 믿음이 있다면 어떻게 가만히 있을 수 있는지 말할 것입니다.

세례 요한처럼 "회개하라, 천국이 가까워졌다."고 선포하는 사람이 적습니다. 소반에 목이 잘려 오르더라도 해야 할 말을 해야 하는 용기가 필요한 시대라고 선포할 것입니다. 〈중독〉이라는 영화는 교회와 세상에 대하여 우리가 마땅히 해야 하고, 우리가 변화되어 살아야만 세상과 싸울 수 있음을 말할 것입니다. 그리고 지금도 고통 속에서 싸우는 중독자들을 향해 작은 희망의 불씨를 제공하고 살길을 제시할 것입니다.

위의 글처럼 이 책과 중독이라는 영화가 중독된 모든 이들과 가족들에게 희망을 주고 중독의 가능성에 노출된 이들에게는 꼭 기억 될 수 있기를 기도한다.

김상철

영화 〈중독〉 감독

프롤로그 2

엘리엇 테퍼
BETEL 국제대표

우리가 스페인으로 오기 전 우리는 이미 멕시코에서 선교사로 있었다. 물론 스페인어도 할 수 있었고 교회도 세운 경험이 있었다. 마드리드로 왔을 때 빌리를 만났다. 우리는 함께 전도를 다녔고 1년 정도 안에 교회를 짓자는 계획을 이야기했다. 빌리와 함께 산블라스 거리에서 전도를 다닐 때 처음으로 우리 아파트에 사람들이 오게 되었다. 처음 세 달 동안은 아무도 오지 않았는데 드디어 사람들이 온 것이다.

처음엔 빌리와 나 그리고 매리와 우리 가족밖에 없었다. 6개월이 지날 무렵 린지가 우리와 함께 사역하게 되었다. 그는 막 language school에서 교육받고 나온 선교사였다. 그 뒤에는 마이크도 우리와 함께 사역에 동참했다. 그때까지는 아직 마이크가 린지와 결혼하지 않은 상태였다. 그 뒤 라울과 파코, 알베르토, 하비, 카를로스, 오스카, 페페 등 많은 중독자들이 와서 함께하게 되었다.

그런데 처음 우리와 함께했던 1세대 중독자들은 전부 죽었다. 90%가 에이즈로 죽었다. 2세대 중독자들도 상당히 많은 수가 죽었다. BETEL

에는 100~200명 정도의 목사가 있는데 60커플이 부부이다. 1세대 목사들 중 아마도 절반가량이 HIV 감염자일 것이다.

이곳에서 우리는 많은 관리자와 관계자들을 배출하고 있는데 그들은 사람들을 북돋워 주는 훌륭한 리더들이다. 수많은 세대와 각기 다른 리더십 레벨은 갖고 있지만 아버지는 죽기 전까지 아버지다. 할 수 있을 때까지 아버지의 역할을 하며 믿음을 전할 것이다. 하나님이 주신 은혜가 그들에게 다 전해질 때까지. 정말 아름다운 것은 내가 하고 있는 이 일을 다른 사람들도 하고 있다는 것이다.

우리는 같은 영적 DNA를 갖고 있다. 그들의 자녀들도 역시 마찬가지다. 2세대, 3세대, 4세대까지 준비되어 있기에 58개의 도시에 BETEL을 세우겠다는 말이 나왔던 것이다. 과하거나 어려운 일이 아니다. 자연스럽게 자라고 뻗어 나가는 나무의 가지처럼 말이다. 생명나무라고 보면 되겠다. 지금처럼 최대한 건강하게 지키려 노력하고 있다.

우리는 손윗사람을 공경한다. 나 또한 여기서 영적으로 공경할 수 있는 분이 계시다. 나도 80~90살까지 설교를 할 것이다. 내 몸이 버틸 때까지. 나이 많은 분들의 말을 잘 듣는다. 우리가 어른을 공경하면 우리도 공경 받을 것이다. BETEL의 가족들은 싸우지 않고 서로를 사랑한다. 떨어지지 않고 서로 붙어 있다. 우리는 세계에서 단 하나의 BETEL이다.

하지만 BETEL에는 많은 문제도 존재한다. 우리는 완벽한 사람이 아니다. 어떤 이가 BETEL은 마치 무당벌레와 같다고 말했다.

무당벌레는 구조상으로 보면 날개도 너무 작은데다가 이래저래 날 수 없는 생김새를 가졌다. 하지만 무당벌레는 날 수 있다. BETEL도 실패로 끝날 것 같았다. 하지만 잘 돌아가고 있다. 마약 중독자, 알코올 중독자 등 인생을 낭비하던 망가진 사람들이 어떻게 비즈니스를, 교회를 운영하며 선교·사역을 할 것이란 말인가? 하지만 모든 것은 가능했다. 날 수 있었던 것이다.

처음부터 그들은 하나님께서 그들의 운명을 정해주셨다는 것을 알았다. 하나님은 우리에게 은혜와 사랑을 베풀어주셨고 우린 BETEL 사람들에게도 똑같이 나누어 주고 싶었다. 그래서 우리는 San Blas를 떠나지 않고 그들을 일으켜주었던 것이다.

다윗 왕이 사울로부터 도망쳐 황무지를 다니고 아둘람 굴에 숨었을 때 환난당한 모든 자와 빚진 자와 마음이 원통한 자가 다 그에게로 모였고 다윗은 그런 불쌍한 자들을 위한 나라를 세우게 되었다. 그런데 사무엘하를 보면 30년 뒤, 그들은 나라의 장군이 되고 대장이 되고 관리자가 된다. 불쌍한 자들을 데려다가 귀하게 쓴 것이다. 그것이 바로 하나님이 나의 자녀들에게 그리고 모든 BETEL 사람들에게 하신 일이다.

우리는 요한 웨슬리가 말했던 "세계는 나의 교구다"(Whole world is my parish)라는 것을 진지하게 받아들이고 있다. 우리는 지역교회에만 국한된 것이 아닌 모든 나라에 대한 비전을 갖고 있다. 온 세계의 주요

도심지에 BETEL을 심을 예정이다. 25년 만에 BETEL은 스물두 개의 나라에 자리 잡았다. 작년에 우리는 18개의 도시로 들어가자고 선언했는데 BETEL의 리더들이 듣더니 "아니다. 우리는 58개의 도시로 가야 한다." 라고 했다. 그런데 벌써 이번 년도에 우리는 열에서 열한 번째 도시로 들어가게 되었다. BETEL은 살아숨쉬는 movement(움직임)이다. 모든 BETEL의 사람들은 그들이 온 나라로 복음을 전해야 하는 사명을 갖고 있다고 생각한다.

우리는 그들을 크리스천이라고 부르지 않고 선교사라고 부른다. BETEL에 오는 사람들은 그래서 각자 선교사의 부름을 받았다고 생각하고 받아들인다. 우리는 초기 교회들처럼 되고 싶다. 예루살렘에서 시작된 복음이 온 세계로 퍼지도록.

엘리엇 테퍼
BETEL 국제대표

Ⅰ 중독의 특성

1. 중독의 특성과 복음

2. 교회와 중독

3. 가정과 중독

4. 왜 중독 되는가

1. 중독의 특성과 복음

"인간의 영혼이 어디에서 주어졌는지 알 수 없다고 말하는 사람들이 있긴 하지만 신앙이 있건 없건 창조주에게서 모든 인간은 영혼이 주어진 것이라는 데는 의견이 없습니다. 그런 면에서 중독의 문제는 분명히 영적인 문제입니다. 생명이 없는 것 같지만 마약 등의 중독의 문제들은 보이지 않는 영적인 생명력이 있습니다. 그게 들어오면 나의 생각과 감정과 모든 의지들을 통제하기 시작하는 것입니다.

그래서 생명이 있는 것입니다. 그러므로 이 문제에 대한 해결은 우리의 영혼에 문제가 있는 것이라는 것을 인정할 때 해결할 수 있습니다. 다시 강조하지만 모든 인간에게 영혼은 창조주로부터 주어졌고, 그 창조주로부터 주어진 영혼에 지금 중독이라는 영적인 질환의 문제가 찾아왔을 땐 창조주가 개입이 되어야만 문제가 해결된다는 것입니다."

한국에서 마약 중독자들의 재활을 돕는 기관 '소망을 나누는 사람들'의 대표인 신용원 목사의 말이다. 그의 말은 중독의 근본 이해를 한층 더 수월하게 이해하도록 돕는다. 그리고 신용원 목사처럼 중독에 대한 관심을 가지고 있거나 실제 중독자의 삶을 살아본 사람들의 이야기를 종합해 보면 중독은 영적인 문제라는 것을 한결같이 증언하고 있다.

자신의 의지를 통제하는 특정한 힘의 존재를 경험하는 것이다. 그래서 중독에 대한 일반적인 접근과 성경적 접근에 대한 이해가 반드시 필요하다. 일반적인 접근은 중독의 근본 원인을 육체의 질병으로 보지만 성경적 접근은 죄에서 그 근원을 두고 있다.

중독이라는 영혼의 질병은 노예적 경향과 고통으로 이해될 수 있다. 사람들은 누구나 중독될 수 있다고 말하지만 실상 자신은 언제든지 그러한 중독의 형태에서 자유로울 수 있다고 생각한다. 하지만 결코 그것은 잘못된 판단이라고 단언할 수 있다. 사람은 스스로 중독으로부터 자유 할 수 없다. 일단 중독이 되면 너나 할 것 없이 모두가 같다고 보면 된다. 생물학적인 요소가 중독에 영향을 미칠 수는 있지만 그것이 중독을 일으키는 직접적인 원인은 아니다.

중독은 물질이나 행동의 법칙, 특정한 정신 상태에 속박되어 그것에 의해 삶이 지배당한다. 그리고 진리를 거부하고 그릇된 결과가 나타났음에도 불구하고 회개하지 않는다. 결국 하나님과 더욱더 멀어진다. 이는 과거 이스라엘 백성들이 하나님 앞에서 지은 죄를 거듭 반복하는 것과 다르지 않다. 아무리 좋은 것이라 할지라도 삶의 중심을 차지하는 것은 모두 속박이나 중독으로 간주될 수 있다.

그런 속박은 매우 강력한 힘을 발휘한다. 잠시의 평안과 만족감이 중독으로 이끌어 간다. 그리고 결국 중독된 것을 숭배하는 지경까지 나아가는데 이는 우상숭배와 다름이 없다. 이스라엘 백성들이 눈에 보이는 우상을 숭배하는 것과 오늘날 세상의 가치에 중독되어 살아가는 중독자들의 행동은 본질적으로 다르지 않다.

어그러진 세상에서의 욕망들은 사람들을 속박하고 그 속박은 중독으로 발전한다. 참된 기쁨을 모르고 어그러진 세상에 중독되어 살아가는 사람들은 중독이 자멸을 부추기는 속박임을 알지 못한다. 자신을 완전히 망가뜨렸음에도 불구하고 스스로 벗어 날 수 있다고 착각하는 것보다 무서운 것이 무엇이 있을까?

스스로 해결할 수 있다고 판단하는 사람들의 교만일 것이다.

"누구든지 진 자는 이긴 자의 종이 됨이라" (벧후 2:19)

중독에 대하여 잘 설명되는 말씀이다. 중독에 빠지면 삶이 중독으로부터 지배당하고 결국 죄의 삶이 사망임을 확인하게 된다. 마약, 알코올, 도박, 게임, 스마트 폰 중독은 중독자들을 의존케 하는 동시에 지배하고 있다.

결코 자신은 아니라고 하지만 무서울 정도로 사람을 변하게 만든다. 그래서 우리가 알아야 할 것이 있다. 중독의 궁극적인 원인은 복용하는 물질이 아니라 중독자의 마음에 있다. 어떤 사람이 물질이나 시간을 중독자처럼 사용하고 습관에 빠져들 때 중독의 원인은 외부가 아니라 내부에 있음을 확인하게 된다. 그의 내면에 있는 것이다.

이것이 복음이 희망을 줄 수 있는 이유이다. 오직 복음만이 마음을 변화시킬 수 있다. 마음이 변화되어야 어그러진 세상의 가치를 쫓지 않고 중독되지 않거나 벗어날 수 있다. 죄인 중의 괴수라도 변화시키는 복음(딤전 1:15)만이 중독자들을 자유롭게 할 수 있다는 것이다. 이 시대는 그리스도인의 가치와 철학이 상실되어 가는 시대이다.

그래서 기독교는 폄하되고 있다. 세상이 병들어 가는 것을 보고 분노하거나 슬퍼하지 않으면 우리가 하나님을 사랑한다고 말할 수 없을 것이다. 복음은 값없이 주어지지만 모든 것을 버리는 희생이 뒤따른다. 그러므로 어그러진 세상에서의 중독은 더 강한 중독을 만나야 끊을 수 있다. 마음을 다스리는 힘이 어디에서 나올 것인가를 생각해보면 자유롭게 하는 복음의 능력을 확인케 될 것이다.

> "그러므로 우리가 이제부터는 어떤 사람도 육신을 따라 알지 아니하노라 비록 우리가 그리스도도 육신을 따라 알았으나 이제부터는 그같이 알지 아니하노라 그런즉 누구든지 그리스도 안에 있으면 새로운 피조물이라 이전 것은 지나갔으니 보라 새 것이 되었도다"(고후 5:16~17)

2. 교회와 중독

교회는 절대 중독에 대하여 집중하지 못한다. 두 가지 이유 때문이다. 첫 번째는 중독자들에게 관심을 두면 교회는 성장하지 못한다는 생각이다. 부흥이라는 단어보다 성장이라는 단어를 사용하는 것은 번영신학을 추구하는 보편적인 목회자들과 교회 지도자들 때문이다. 그리고 두 번째는 교회 스스로 세상의 많은 것으로부터 중독되어 있기 때문이다. 영적인 눈이 뜨여 있지 않기 때문이다.

그래서 마땅히 영적 전쟁의 한가운데서 갈등하고 좌절하는 성도들을 위해 일선에 서야 하지만 그렇지 못하고 있다. 여전히 중독이라는 단어를 단 몇 번의 설교에 인용할 뿐 직접적으로 다가가지 못하고 있는 것이다. 그래서인지 성도들도 중독과 관련한 세미나 또는 여러 강좌들에 큰 관심을 두지 못한다. 어쩌면 관심이 있다 할지라도 다른 시선 때문에 망설이고 피해 가기도 한다. 오해를 받을까 두려워하는 것이다.

결국 스스로 마음 깊숙이 감추고 하나님 앞에 나오는 것이다. 그렇지만 감추어진 내면에 쌓인 중독의 문제는 결코 풀지 못하고 있다. 원리부터 시작해서 극복하는 방법을 찾지 못하기 때문이다. 그래서 교회는 진정으로 눈을 떠야 한다. 교회의 성도들이 얼마나 큰 고통 속에서 자신의 미래에 대해 불안해하는지 알아야 한다. 천국과 지옥의 문제가 당면한 것이다.

미국에서 중독 사역을 하고 있는 나눔 선교회 한영호 목사는 매우 인상적이었다. 목회자와 교회 지도자들이 듣기에는 좀 불편할 수 있지만 귀담아 들어야 할 내용이기에 그대로 옮겨본다. 이것이 현재 교회의 현실이라고 인정해도 무방할 것이다.

"저는 1.5세, 2세 목회자들이 사명감과 소명을 가지고 희생을 하면서 하나님의 종의 길을 갔으면 합니다. 제 개인적으로 봤을 때 2세 목회자들은 솔직히 말씀드려 희망이 없어요. 왜냐면, "나눔 선교회"를 하면서 천 명이 넘게 거쳐 갔지만 이들에게 심방 온 목사들은 없습니다. 거의 99.9%가 교회를 다니고 있는 아이들인데 어떻게 이들에게 심방조차 한 번 하지 않느냐는 것입니다.

저는 솔직히 개인적으로 지금의 현실만 비추어 본다면 교회는 거룩하고 착한 사람들이 나가는 곳이라는 생각이 듭니다. 약하고 쓰러지고 문제 일으키는 사람들은 교회에서 배척하려고 해요. 그런데 예수님은 율법을 지키는 바리새인들에게 찾아가지 않고 정말 사람들에게 손가락질 받는 죄인들을, 세리들을, 창녀들을 찾아갔다는 것입니다.

무슨 사명을 가지고 사역을 하는지는 모르겠지만, 한 생명을 위해서 목숨을 거는 그런 종이 필요하다고 생각해요. 갱들은 자기 팀을 위해서 자기 갱을 위해서 감옥에도 가주고 목숨도 바쳐요. 그래서 기독교는 열 배, 스무 배, 백배는 해야 되요. 하지만 사역자들은 중독에 빠진 아이들이 교회에 안 나왔으면 하는 겁니다. 그것이 지금 현실이에요. 교회는 착한 애들만 모일 수밖에 없는 곳이에요. 교회는 문제 일으키지 않고, 은혜생활 잘하는 사람들만 모이는 곳이라는 것이지요.

저는 교회의 본질이 결코 그렇지 않다고 생각합니다. 사역을 하면서 선교회를 하면서 마음이 아픈 일이 많았어요. 우리가 농구를 할 데가 없어서 교회를 좀 빌려 농구를 하러 갔을 때, 교회 장로님들이 우리 아이들의 몸에 타투를 한 것을 보고 또 교회 밖에서 담배를 폈다해서 이곳에 오면 안 된다고, 저런 애들은 이런 데 오면 안 된다고 합니다.
그래서 교회는 담배도 피우지 않고, 타투도 하지 않고, 마약도 하지 않고, 술도 하지 않고, 간음 하지도 않고... 정말 착한 사람만 가는 곳입니다. 제가 알고 있는 교회는 결코 그런 교회가 아니었는데 말입니다.
그 애들한테 주는 상처가 얼마나 큰지 알아야 합니다. 그들이 믿는 하나님의 종들이 타투한 것이나, 잘못된 것을 지적하기 전에 먼저 저들과 함께 동행하고 먼저 저들을 이해하고 저들과 함께 동참해야 합니다.

그런 건 한 번도 안하고 무조건 정죄하는 율법주의자는 되지 말라고 했는데도 어느 순간에 교회는 율법주의자들이 모인 장소가 되지 않았나 생각이 됩니다. 교회는 죄인들이 모이는 곳입니다. 교회는 하나님을 기쁘게 하는 곳이지, 사람을 기쁘게 하는 곳이 아닙니다. 사람 비위 맞추려고 교회를 하는 것도 아니고 사람 기쁘게 하려고 교회를 하는 것이 아니에요. 하나님을 기쁘게 하고 하나님께 감사하는 곳이 교회인데 본질을 다 잊어버린 것입니다. 제가 선교회 사역을 하면서 가장 힘든 분들이 바로 교회를 다니는 사람들입니다. 차라리 믿지 않는 사람들이 더 쉽습니다.

그리고 갱은 아무리 잘못해도 3번은 용서합니다. 기독교인들은 한 번 화가 나면 끝입니다. 일곱 번 중에 일곱 번은 다 거짓말입니다. 용서가 없는 곳이 그리스도인입니다. 용납을 못하고 용서하지 못하면서 하나님한테는 용서를 구하고 있다는 것입니다. 분명히 성경은 그렇게 기록되지 않았는데 말입니다.

사랑이 있다고 하지만 말로만입니다.

한번은 한 목사님이 예수 믿기 전의 나에게 찾아왔는데, 그 목사님이 저에게 기도하면서 울더라고요. 그래서 제가 그분한테 울어야 할 사람은 난데 왜 당신이 우느냐 그랬더니, 내 영혼이 불쌍하데요. 정말 내 영혼이 불쌍하냐고 했더니 그렇대요. 그래서 제가 나 지금 아무도 없는데, 당신이 나와 동행해줄 수 있느냐고 그랬더니 가만히 있더라고요. 그래서 제가 그랬어요.

"당신들은 다 거짓말쟁이야. 말로는 다 해. 말로는 불쌍하다 그러고 말로는 긍휼히 여기지만 당신들은 절대 그렇게 못 해."

제가 그 나이든 목사님한테 심하게 얘기를 했지만, 제가 본 사람들은 그렇다는 거예요. 누가 중독자와 동행하겠습니까? 세상에서 버림받은 사람을 누가 동행하겠냐구요. 그러나 그리스도인들은 하셔야 되요. 예수를 믿는 사람들은 그렇게 하셔야 된다니까요. 이게 전 믿음이라고 생각해요.

"나눔 선교회"는 그 이유 때문에 시작한 거예요. 동행하기 위해서. 반드시 동행이에요. 그 사람이 누구든 상관이 없어요. 그 사람이 창녀든, 중독자든, 그 어떤 사람이든 우리 하나님은 그 사람들의 신분에 대해서 물어본 적이 없습니다.

인간들이 신분을 나누는 것 아닐까요? 하나님이 하지 않는 것을 인간들은 다 하잖아요. 제가 하나님을 섬기면서 바라보는 교회들이 결국은 신분을 갖고 다닐 수밖에 없는 교회입니다. 천하고 쓰러지고 중독된 사람들이 감히 어떻게 교회를 나갑니까? 숨기고 드릴 순 있을지 몰라도 예배를 어떻게 드려요. 내 죄를 드러내놓고 드릴 장소는 아니라는 거죠. 만약 이런 게 교회라면 교회의 역할을 제대로 못하고 있는 것입니다."

이 통렬한 고백을 우리는 겸허하게 받아들여야 할 것이다. 교회의 현주소를 우리가 인식하면서 이 중독의 문제를 교회 안으로 들여오는 계기가 되었으면 한다.

3. 가정과 중독

중독된 가정에는 반드시 중독된 부모들이 있다. 중독의 문제도 심각하지만 더 심각한 것은 가정이다. 가정의 구성원들을 들여다보면 돈에 중독된 사람, 명예에 중독된 사람, 외모에 중독된 사람, 사치와 일에 중독된 사람 등 자기 자신을 위해 중독된 사람들이 생각보다 많다.

영적으로 타락된 가정들을 살펴보면 예수님은 믿노라고 하면서도 중독 아닌 중독 상태에 사는 사람들이 매우 많다. 본인은 예수님을 잘 믿는다고 생각하면서도 하나님과는 동떨어진 그런 행동을 하고 있다. 그래서 술, 마약, 도박 이러한 것만이 중독이라고 생각하면 안 된다. 마음을 빼앗아 가는 모든 것은 중독의 성향을 가지고 있다고 봐도 무방하다. 중독은 가정을 파괴하고 있다. 개인의 황폐화가 불러오는 결과다.

통계적으로 보면 마약, 알코올, 도박, 인터넷 게임을 4대 중독이라고 하는데 2012년 통계만 보더라도 한국은 현재 300만 이상이 이와 관련하여 고통을 받고 있다. 그런데 4인 가족을, 기준으로 하면 1200만 명이 직, 간접적으로 중독으로 인해 힘들어 하고 있다는 말이 된다. 이처럼 중독은 가정 깊숙이 들어와 아픔을 주고 있다. 세상은 중독자라고 하면 일단 비판하고 정죄하는 정말 인간쓰레기 같은 그런 표현들을 많이 하고 가정에서 중독자가 있으면 가족들이 숨기고, 창피해한다. 그러다 보면 병이 걸렸는데도 병원에 가서 치료를 받아야 하는 게 먼저인데도 체면 때문에 창피하게 여겨 끝까지 숨기다가 아주 최악의 상태인 말기까지 간 다음에 도움을 청하기도 하고 목숨을 끊기도 한다.

"나를 알고 적을 알면 반드시 이긴다"는 말이 있다. 중독에 대해서도 공부를 하면서 거기에 대한 대처방안을 알아야 한다. 그리고 교회와 가정은 하나님의 말씀을 배우는 그 지혜와 지식을 가지고 중독된 스스로와 가족 구성원들에게 조금이라도 도움을 받을 수 있도록 노력해야 할 것이다.

4. 왜 중독 되는가

한영호 목사는 이런 말을 했다.

"많은 사람들이 저한테 왜 약을 했었냐고 물어봐요. 그러면 제가 그들에게 그런 얘길 합니다.

"당신들도 해봐라. 그냥 물어보지 마라. 처음에는 그냥 다 좋아서 하는 거다."

남들이 하지 말라고 한 약이 그렇게 좋을 수가 없어요. 그렇지만 그게 중독될 수 있다는 생각은 안했어요. 내가 언제든지 끊을 수 있다고 생각했어요. 그러나 그게 초기에는 가능한데 시간이 지나고 나면 '죽어도 하지 말아야 하는데' 이게 아니라 죽어도 해야 되요. 이게 마약이에요.

내가 이걸 하면 내 인생이 끝나는 줄 알면서도, 나는 이것을 반드시 해야 되요. 이것이 마약이라니깐요. 자기 인생이 끝날 것을 알면서도 하는 게 마약이에요."

중독은 좋아하거나 좋아한다고 생각하는 것을 급히 얻으려는 마음 때문에 시작되기도 한다. 사람은 원하는 것을 발견하면 그것을 취하기 위한 본능적인 욕구가 발동한다. 이것을 절제하는 것이 필요하지만 통제하지 못하는 사람들이 있고 한 번 무너지면 급격하게 무너지는 경우도 많다.

그래서 중독은 복용하거나 느끼게 하는 어떠한 물질이 아닌 중독자의 마음으로부터 시작된다. 만약 누군가 마약이나 게임, 도박을 하기로 결정하고 그런 습관에 빠질 때 중독의 원인은 외부가 아니라 그의 내면에 있는 것이다.

"누구든지 진 자는 이긴 자의 종이 됨이라."

성경은 노예화의 과정을 잘 설명한다. 중독에 빠지면 죄가 삶을 지배해 버린다. 실패에 대한 두려움으로 중독에 빠져드는 사람들. 그들은 마약, 술, 혹은 도박을 하며 지난날의 실패와 고통을 잊으려 몸부림친다. 중독자는 해결방법이 있어도 찾지 못한다.

속박의 힘을 여전히 과소평가하고, 중독으로 망가져버린 자신이 아직도 스스로 그 습관에서 벗어날 수 있다고 착각한다. 자기는 스페셜이라고 이야기한다. 다른 사람은 중독되었어도 나는 아니라고 하지만 그것은 거짓말이다. 일단 중독이 되면 너나 할 것 없이 모두 똑같다.

중독에 의한 속박은 매우 강력하다. 욕망을 만족시키다 보면 스스로의 행복과 즐거움에 빠지는데 이것이 바로 중독의 원인이 되기도 한다. 처음에는 좋아 보이지만 점진적으로 종속되어 속박으로 이끌려 간다.

중요한 것은 중독으로 이끌어가는 즐거움과 행복이라는 것이 매우 일시적이라는 것이다. 이러한 짧은 순간의 쾌락을 맛보기 위해 중독되는 것이다.

중독은 다양하다. 마약, 알코올, 도박, 인터넷 게임, SNS, 섹스, 일, 음란물, TV, 성형, 카페인, 다이어트 등 여러 중독들이 있다. 그래서 지금부터는 각각의 중독에 대하여 살펴볼 것이다. 각각의 내용은 실제적 사역의 현장에서 일어나는 일들을 인터뷰 형식으로 엮은 것이기에 독자는 생생하게 중독의 실상을 볼 수 있게 된다.

Ⅱ 중독의 종류와 상담 및 사례

1. 게임중독

2. 디지털중독 (SNS, 스마트폰)

3. 마약중독

4. 알코올중독

5. 도박중독

6. 성형중독

1. 게임중독

박종연 박사 (한국상담개발원)

Q : 게임비가 많이 나온 사례가 있나요?

A : 2년 전에 만난 아이의 어머니와 상담한 내용입니다. 처음 시작은 컴퓨터게임이었지만 컴퓨터게임에서 만족을 하지 못하고 중간 중간 쉬는 타임에 스마트폰을 가지고 게임을 하면서 문제가 심각해진 경우입니다.

이 친구가 어느 정도로 심각했냐면, 집 전화와 본인의 핸드폰으로 끊임없이 소액결제를 많이 하다 보니 한 달에 250만 원이 넘는 전화요금이 나와 어머님이 놀라서 저한테 전화를 통해 상담을 하셨습니다. 이 친구가 정말 크게 문제가 되서 병원까지 가게 되었던 이유는 끝까지 그것들을 절제하지 못하고 오히려 집에 있는 통장을 몰래 훔쳐다가 돈을 찾아서 게임하려고 한 것이 어머님 눈에 우연찮게 띄게 되어 '더 이상 본인이 통제할 수 없구나!' 라는 것을 알고 저한테 전화상담을 하고 이후에 병원까지 가게 된 케이스입니다.

Q : PC게임과 스마트폰게임에 대해서 다른 시각들이 있던데, 어떤 관점에서 보고 계시고 차이는 있는지요?

A : 그것은 분명히 똑같고 차이가 있는 것은 아닙니다. 다만 사람들이 지금까지 생각해오고 인식해온 것은 컴퓨터게임이라고 하면 한 곳에 앉아서 오랜 시간 게임을 해야 된다고 생각하여 특정한 장소, 소위 말하는 PC방이라든지, 게임방이라든지, 아니면 집에 컴퓨터를 갖다놓고 한 번 시작하면 한두 시간 이상을 하는 것이라고 생각합니다.

그런데 휴대폰으로 하는 게임들은 한 시간을 붙잡고 하기보다는 짧게 이동하는 거리라든지, 중간마다 남는 틈에 게임을 하다 보니까 게임시간이 길지가 않습니다. 또한 잠깐하다 멈추다 보니 '아 이건 실제 게임을 하는 게 아니야' 라고 생각을 하는데 실제 사용하는 시간을 비교해 보면 잠깐하는 스마트폰게임 시간도 하루에 1시간이 넘는 경우가 상당히 많이 나타나고 있는 것이 문제입니다.

Q : 게임을 개발하는 직원과 얘기를 했는데 게임을 만들 때 어느 특정부분에서는 중독성이 생기게끔 만든다는 말을 하더라고요. 그래서인지 온라인게임이 결국엔 도박중독까지 가는 경우가 많더라고요. 온라인게임으로 돈이 엄청 지출되는 경우가 있었습니까?

A : 여기서 게임이 도박화로 넘어갔다는 것은 이미 많은 전문가들이 다

공통되게 이야기하고 있는 부분인데, 그 이유를 좀 명확히 알아야 합니다. 왜냐하면 우리나라 게임시장은 전 세계에 가장 큰 영향력을 차지하고 있지만 게임업체들이 너무 많이 만들어지고 난립하여 실질적으로 돈을 내고 하는 게임엔 사람들의 선호도가 많이 떨어지게 됐습니다.

그러다 보니 게임을 무료화로 만들게 된 거죠. 문제는 무료화를 하다 보면 이미 만들어놓은 게임의 제작비용과 홍보비용을 충당해야 하는데 그것을 충당할 수 있는 가장 좋은 방법이, 게임은 무료로 하게 하고 아이템을 돈을 주고 사게 하는 시스템이 만들어지게 된 것입니다.

처음에 그렇게 해서 게임을 시작하게 됐는데 그 아이템을 돈 주고 사는 것도 몇 번을 사게 되면 더 이상 필요가 없게 되자 게임회사에서 생각한 부분들이 게임아이템을 조립해서 만들 수 있는 조합 형태, 즉 복권시스템을 게임 안에 집어넣기 시작한 것입니다.

사람들이 예전에는 게임무기를 외부에서 돈을 주고 사왔지만 이제는 돈을 주고 사오는 것이 아니라 본인이 게임아이템을 돈을 주고 사서 그것들을 복권시스템처럼 돌려 그 안에서 좋은 아이템이 나오거나 나쁜 아이템이 나오는, 즉 다시 말하면 복권시스템으로 게임아이템 시장으로 전환시키는 것입니다.

사람들이 더 이상 외부에서 아이템을 사는 것이 아니라 게임회사에 돈을 지불하고 광물을 받아서 그것들을 가지고 좋은 무기들을 만들어내는 시스템이 정착된 것입니다.

사람들이 게임을 잘하기 위해서 게임회사에 돈을 지급하게 하여 끊임없이 돈을 쓰게 하는 그런 시스템이 만들어졌고 그 시스템 자체가 곧 중독과도 연결되는 부분이고 곧 도박과 연결되는 부분들인 것입니다.

Q : 그럼 결국 요즘 시대는 게임중독이 도박중독까지 이어질 수 있다고 보면 되겠네요?

A : 요즘 시대는 도박중독과 게임중독은 떼려야 뗄 수 없는 관계가 만들어졌다고 봐야 하죠.

Q : 인터넷게임중독이 결과적으로 아이들을 정상적으로 자라지 못하게 하는 뇌의 질환이라는 연구결과라면 우리가 이런 아이들에게 어떤 것들을 해줄 수 있을까요?

A : 가장 중요한 부분인 것 같습니다. 제일 좋은 것은 문제가 발생하기 이전에, 아이들이 그런 것들을 접하기 이전에 철저하게 거절훈련을 시키는 것이 중요합니다. 어떤 의미에서 우리나라는 어린이집이나 유치원을 다닐 때부터 약물NO, 인터넷NO, 알코올NO, 스마트폰 NO 하는 교육을 시켜야 합니다. 하지만 현재 문제가 발생한 아이들 같은 경우에는 우선 생활에서 중독이 될 수 있는 요인들을 100% 빼주는 것이 중요합니다.

알코올을 빼주는 것은 그나마 가능한데 가장 크게 문제가 되는 것은 컴퓨터 사용과 스마트폰 사용이 아이들에게는 이미 생활에서 뺄 수 없는 부분이 되었기 때문입니다. 그렇다고 하면 이 부분을 빼내기 위해서 가장 좋은 방법은, 사용은 하되 통제된 사용을 할 수 있게 부모가 아이의 컴퓨터나 스마트폰 사용에 대해서 통제할 수 있는 여러 가지 방법들을 제시하고 그것들을 가정 안에서 실천함으로 서서히 문제를 줄여나가는 방법을 취해야 될 수밖에 없습니다.

Q : 그렇게 제대로 된 부모라면 인지를 할 텐데, 자기 앞가림도 못하고 인지를 전혀 못하는 부모를 가진 아이들은 어떻게 해야 합니까?

A : 상담하면서 제일 안타까운 부분들이 그것입니다. 분명히 아이가 문제를 인식하고 바꿀 생각이 있어 상담을 하고 치료를 해서 가정에 보내면 그 가정의 환경이 바뀌지 않다 보니 또다시 아이가 중독이 되어 저를 찾아오게 됩니다. 눈에 보이지 않아도 뻔히 보이는 그런 상황들, 그리고 도저히 가정환경적인 영향 때문에 변화를 주고 싶어도 주지 못하는 부모들. 이런 분들을 볼 때마다 제가 상담사로서의 한계를 참 많이 느낍니다.

그래도 그들이 취할 수 있는 방법을 찾아주는 것들은 부모가 아이에게 더 이상 도움을 줄 수 없다고 하는 부분들이 있다면 그것을 깨끗하게 인정을 하고, 부모와 별개로 스스로 어떤 식으로 살아갈 수 있으며 자신을 둘러싸고 있는 환경 안에서 내가 도움을 받을 수 있는 것들이 어떤 것인지를 찾아 외부의 도움을 통해서 스스로 중독에서 벗어나 새로운 생활을 할 수 있게 하는 환경적 지원을 연결하는 것입니다.

이것들은 결국 상담사와 지역의 사회복지사와 지역의 종교인들만이 할 수 있는 것입니다. 그래서 저는 그런 가정의 아이들을 만났을 때 해줄 수 있는 가장 큰 부분은 아이의 상처에 대한 부분들을 치유해주고 중독의 문제들에 대처할 수 있는 방법들을 알려준 후에 지역의 사회복지사와 종교인들을 연결해주는 것입니다.

Q : 상담을 통해 치료하실 때 가장 문제가 되는 부분은 무엇입니까?

A : 가정 안에서 문제를 해결하려고 하는 게 가장 큰 문제입니다. 이미 가족이 해줄 수 있는 역할이 상당히 제한되어 있기 때문에 가족이 도와줄 수 있는 부분들은 문제가 발생했을 땐 이미 늦습니다.

이런 경우에 있어선 철저하게 외부의 도움을 받아 가족문제를 해결해야 됩니다. 가장 좋은 방법은 중독자가 아닌 가족들은 전문적인 상담을 받는 것과 동시에 이분을 도와줄 수 있는 방법들을 찾아야 되는데, 그것들을 찾는 가장 좋은 방법은 지역의 사회복지사들과 연계되어 치료받을 수 있는 병원과 그리고 가족 안에 중독자가 없는 상태에서 가정의 환경을 지킬 수 있는 방법을 교육받음과 동시에 가장 중요한 부분인 영적 부분이 될 것입니다.

그래서 지역에 있는 종교단체의 도움을 통해서 마음에 상처와 더불어서 생활할 수 있는 지원들과 그리고 생활해 나갈 수 있는 방향들에 대한 부분들을 찾아보는 것이 가장 좋습니다. 그렇기 때문에 절대 중요한 것은 가정 안에서 문제를 해결하려고 하기보다는 필히 밖으로 도움의 손길을 내밀어 도와줄 수 있는 사람들과의 연계를 통해 문제를 해결하도록 하는 것입니다.

가정 안에서는 살펴봐야 될 가장 중요한 것은, 가정 안에서의 도움으로 해결할 수 있는 단계인지 가정 밖의 외부의 도움을 받아야 되는 단계인지를 확인하는 것입니다. 그런 부분들은 전문가를 찾아서 실제 상담을 받은 후에 가족 안에서 해결할 수 있는 부분이라고 하면 가족 안에서 역할을 나눠 문제를 해결할 수 있도록 하는 것이 중요하며 가정 안에서 해결해 줄 수 없는 것이라고 정리가 됐을 때는 철저하게 외부에 있는 여러 기관들과 여러 종교단체들의 도움을 통해서 문제를 해결하도록 돕는 것이 중요합니다.

Q : 팝콘 브레인이 무엇이고 왜 생기는 것입니까?

A : 인터넷중독이라는 것들이 생겨나기 시작되면서부터 발생한 인터넷중독의 대표적인 질환 중 하나입니다. '팝콘 브레인'이라는 것은 스마트폰과 컴퓨터를 사용하는 과정 안에서 강한 자극들에 오랜 기간 노출됨으로 인해서 강한 자극이 아니면 행동에 반응을 보이지 않는 것을 말합니다.

즉, 강한 충격이라든지 강한 화면자극에는 익숙해져서 반응을 하는데 그것보다 못한 약한 자극과 약한 화면의 빛 즉, 길을 가다가 누가 톡 건드리거나 조그마한 소리로 이야기하는 것에는 반응을 하지 못하고 오히려 크게 '탁' 치거나 아니면 큰 소리로 이야기해야만 '아! 누가 나를 치고 있구나' '누가 나를 부르고 있구나' 라는 것을 인지하는 것들을 팝콘 브레인이라고 이야기합니다. 강한자극에만 뇌가 반응하도록 변형된 자체를 말합니다.

Q : 일종의 반사 신경이라든지 예민한 반응이 없어지고 둔해진다고 볼 수 있겠네요?

A : 맞습니다. 약한 자극에는 반응을 하지 못하고 강한 자극에만 반응하게 되는 것을 팝콘 브레인이라고 할 수 있습니다.

Q : 알코올중독이 유전되는 것처럼 게임이나 인터넷중독, 스마트폰이나 도박중독 이런 것들이 뇌의 변형을 가져오면서 유전적인 영향을 줄 수 있나요?

A : 연구결과로 드러난 부분은 알코올중독에 대한 부분에서는 확실하게 유전이 된다는 뇌의 사진을 통한 연구결과가 이미 나와 있고 제가 보는 관점에서는 분명히 다른 중독들도 똑같이 유전이 될 수 있다고 봅니다. 왜냐면 이미 오랜 기간 사용으로 인해서 뇌의 변화가 일어났고, 그 뇌의 변화가 일어난 상태로 오랜 기간 생활을 하면서 그것들이 결혼생활과 임신과 출산을 통해서 아이에게 영향을 분명히 미쳤다라고 봅니다.

그런 환경에서 아이가 더 쉽게 중독이 될 수 있는 이유는 이미 유전적으로도 변형된 뇌를 부모로부터 받았고 또한 부모가 생활에서 보이는 환경자체도 아이에게 중독에 빠질 수 있는 환경을 같이 만들기 때문에 유전과 환경에 대한 요소에서는 훨씬 더 많이 일반 가정에 비해서 중독될 수 있는 요소로서 작용할 수 있습니다.

Q : '경쟁과 학벌만을 중시하는 사회와 환경이 어쩌면 우리나라 청소년들을 중독으로 몰아가고 있다.' 라는 관점이 정말 새롭게 느껴지고 공감이 됩니다. 이 부분에 대해서 좀 더 설명해주실 수 있다면 어떤 것이 있을까요?

A : 우리가 아이들을 더 이상 아이답게 만들지 못하고 어떤 의미에선 공부만 하는 기계로 만든 것이 아이들을 계속해서 스마트폰에서 벗어나지 못하게 하는 가장 큰 요소가 될 수 있을 것입니다.

즉, 학부모로서의 역할만을 하면서 아이들로 하여금 네가 해야 할 일은 공부 말고는 없다고 하는 것들, 그리고 공부를 하는 것이 너의 역할이라는 것을 자꾸 강조하다 보니 아이들이 공부 이외에 할 수 있는 것들이 아무것도 없다는 것입니다.

아침 6시에 일어나서 밤 10시에 들어오는 아이들이 씻고 그 다음날 학교 갈 준비를 하고 난 다음 시간은 결국 밤 11시, 12시 정도인데 이 아이들이 그 시간에 어딜 나가서 운동을 할 수 있으며, 어딜 나가서 친구들과 놀 수 있겠습니까?

그 시간에 그 아이들이 할 수 있는 것은 스마트폰을 붙잡고 친구들과 대화하거나 아니면 음악을 듣거나 게임을 하는 것 말고는 할 수 있는 것이 없다는 것입니다.

아이들이 뛰어놀고 친구들을 만나 소통할 수 있는 시간자체를 차단시켜 놓은 상태에서 아이들이 그것을 해소할 수 있는 유일한 방법인 스마트폰사용을 너무나 강제적으로 통제를 하기 시작하면서부터 문제가 발생한다고 볼 수 있습니다.

Q : 사회가 아이들을 중독시킬 수밖에 없는 이유가 어디에 있다고 보십니까?

A : 초등학교 때는 그나마 좀 덜한 부분인데 중학교에 들어서면 아이들이 성적이라는 것이 나타나기 시작하면서 부모들이 아이들의 공부에 대해서 더 조급한 마음이 들기 시작합니다.

부모들은 아이가 뒤쳐지지 않게 하기 위해서 학교수업과 더불어 남들이 하는 정도의 학원수업 등의 많은 것들을 시키므로 아이들이 학교 친구들을 만나서 소통할 수 있는 시간이 줄어드는 문제가 발생되고 그런 과정에서 아이들이 사귀는 친구는 학교친구보다는 학원친구, 아니면 카카오 톡이라든지 모바일메신저를 통한 친구를 찾게 되어 그들 말고는 친구들과 소통할 수 있는 기회가 상당히 단절이 됩니다.

이것은 곧 우리 사회가 너무나 입시주의로 흘러가다 보니 친구를 만나서 소통할 수 있는 것들을 제한하고 그것들을 해소할 수 있는 방법의 하나인 스마트폰에만 의지하게끔 만드는 현상이 만들어진 것입니다. 이 부분은 부모의 욕심과 사회의 입시경쟁문화가 만들어낸 하나의 문제라고 볼 수 있습니다.

Q : 중독에 있어서 복음의 역할은 어떻다고 생각하십니까?

A : 복음 안에서 완전히 해결될 수 있다고 봅니다. 그렇게 될 수밖에 없는 이유가 제가 신학을 공부했던 가장 큰 이유입니다. 많은 중독자들이 복음 안에서 회복이 일어나는 경우를 정말 많이 보아왔습니

다. 그러나 정작 복음 안에서 회복이 되신 분들이 본인들이 어떻게 회복이 되었는지를 알지 못하는 경우가 많습니다.

그래서 그 부분을 해소하고자 하는 것이 제가 신학을 공부하고 목회자가 된 가장 큰 이유이며 그 안에서 제가 찾은 답은 중독으로 인해 이미 많은 중독자들이 육체적, 정신적 부분뿐만 아니라 영적 부분에도 상당히 상처가 많다는 것입니다.

현재 중독의 치료는 정신적, 육체적인 치유에만 방향이 치우쳐 있는 것이 문제입니다. 정신적, 육체적 부분들은 시간이 지나면서 자연히 해결이 되는 부분이지만 영적 상처를 입은 부분들은 철저하게 복음 안에서 해결이 되지 못하면 또다시 영적인 상처에 의해서 반복해서 재발이 일어난다는 것입니다.

그렇기 때문에 육체적, 정신적인 치료뿐만 아니라 상처받은 영혼에 대한 치유는 분명히 복음 안에서만 가능하기 때문에 그들의 영적 치유에 대한 부분들은 복음으로 해결될 수 있는 부분인 것입니다.

Q : 중독자들만의 특징이 있나요?

A : 중독자의 심리적 체계를 부정체계라고 말하는데 그들은 "나는 중독자가 절대 아니야, 내가 왜 중독자야? 나는 중독자가 아닌데 너희들이 그렇게 말하는 것 자체가 문제가 있는 거야. 나는 절대 문제없어." 라는 이야기를 가장 많이 합니다.

그다음에 중독자들이 많이 보이는 심리적 특성은 "내가 걸리고 싶어서 걸린 게 아니라 세상이 술을 팔고 도박장을 만들어 놓고 컴퓨터를 만들어 놓으니까 내가 중독자가 된 거야. 원래 나는 중독이 되고 싶은 사람이 아니야. 세상의 환경이 나를 중독자로 만든 거야" 라고 이야기를 많이 합니다. 또한 "네가 나한테 잘해줬으면 내가 중독이 됐겠어? 네가 나한테 잘하지 못하니까 내가 이렇게 문제가 생긴 거야." 이렇게도 말을 합니다.

그러면서 본인은 중독이 아니라고 세상이, 가정이, 환경이 나를 중독자로 만들었다고 이야기하는 것들이 중독자들에게 가장 많이 나타나는 모습 중에 하나이며 여기에 하나 더 덧붙이자면 이 사람들은 중독을 계속 유지하고 싶은 마음이 있어 끊임없이 가족들에게 거짓말을 하게 됩니다.

"나 이번만 하고 더 이상 안 할 거야. 나 믿잖아. 이번이 마지막이야. 이번만 도와줘. 이번만 하면 절대 나 다신 안 할 게." 라고 이번이 마지막이라고, 마지막만 도와 달라는 이 말을 중독자들이 가장 많이 합니다. 그렇지만 결국 이번이 마지막이 안 되는 것입니다. 이것들이 중독자들에게 나타나는 가장 큰 심리적인 특성이라고 할 수 있습니다.

2. 디지털중독 (SNS, 스마트폰)

박종연 박사 (한국상담계발원)

Q : 중독을 무엇이라고 설명할 수 있을까요?

A : 중독이란 말 자체를 가지고 이야기하면 상당히 부정적인 이미지가 많은데 중독이란 용어는 원래는 없는 용어입니다. 지금 현재 사용하고 있는 용어는 중독이라는 용어보다는 '의존'이란 용어를 많이 쓰고 있는데 '내가 어떠한 물질이나 어떠한 행위에 의존되어서 그것들을 내 힘으로 스스로 벗어나지 못하는 상태' 그것을 의존이라고 말하며 통상적으로 많은 분들이 알고 있는 그 의존이 '중독'이라는 말로도 많이 쓰이고 있는 것입니다.

그래서 지금은 중독이라는 용어보다는 의존이라는 용어를 쓰는 것이 좀 더 명확한 것 같습니다. 본인 스스로 의지를 가지고 벗어나지 못해서 결국 전문가라든지 종교적인 영성의 힘을 얻어서 그것들을 벗어날 수 있게끔 하는 그런 부분들이 중독이라고 볼 수 있을 것입니다.

Q : 왜 중독이 될까요?

A : 사람들이 중독이 되는 가장 큰 이유는 무엇보다도 본인이 생활하는 가운데 느끼는 스트레스라든지 아니면 생활에서 오는 여러 가지 문제들을 직면하여 해결하기보다는 단순히 어떠한 물질이나 행위를 통해서 그 문제를 부딪치지 않고 회피하고 도망가기 위해서 그것에 자꾸 의존하게 됨으로 중독이 발생된다고 보고 있습니다.

Q : '직면한다.' 라는 의미가 무슨 뜻일까요?

A : '직면' 이라는 것은 맞서 부딪힌다, 얼굴과 얼굴을 마주하고 그 문제를 해결한다 하는 것들을 말하며 사람들이 본인이 싫어하거나 행하지 못하는 어떠한 문제에 마주쳐서 보는 것입니다. 결국 직면한다는 것은 얼굴과 얼굴을 마주해서 그 문제를 해결하는 것들을 말합니다.

Q : 지금 현재 보편적으로 여러 가지 중독들이 있지 않습니까? 한국에서 심각하게 대두되고 있는 중독은 어떤 것들이 있습니까?

A : 작년 12월 통계로 보면 한국 중독 의약회에서 나타난 것들은 우리 나라 인구 8명당 1명이 중독이 되어 있다는 연구결과입니다. 특히 4대 중독이라고 이야기하는 마약, 알코올, 도박, 인터넷 중독에 걸려 있는 사람이 8명당 1명 정도로 많아졌는데 그중에 우리나라에서 최근에 많아진 중독이라고 이야기할 수 있는 부분은 인터넷과 스마트폰 중독을 들 수 있습니다.

약물과 알코올에 대한 것들은 기존부터 계속해서 의존자들이 존재해왔지만 불과 3년 사이에 증가된 스마트폰 중독은 기존의 여타 중독들이 만들어냈던 의존자의 수와 상당히 많이 상이할 정도로 많은 수의 의존자들을 만들어내고 있기 때문에 지금 우리나라에서 가장 심각한 중독의 문제라 이야기할 수 있습니다.

Q : 요즘 부모들이 아이들에게 스마트폰을 줘버리는 경우로 인해서 굉장히 역기능들이 많이 나타난 것으로 알고 있습니다. 대표적인 사례가 있을까요?

A : 몇 년 전에 텔레비전에 나왔던 스마트폰에 중독된 아이 이야기만 보더라도, 부모가 자기가 편하고자 아이에게 스마트폰과 핸드폰 같은 것들을 줬을 때 나타나는 폐해가 너무나 잘 나타나고 있습니다.

즉 예전에는 아이가 행동하고 움직이는 모든 것들을 부모가 통제하고, 다독거리고, 안아주는 방식이었는데 핸드폰과 스마트폰이 발전하고 아이패드라고 하는 것들이 발전하면서 부모들이 아이를 돌보는 것보다는 아이에게 뭔가를 하나 쥐어주고 아이가 그걸 사용하게 함으로서 본인의 생활을 유지하려고 하는 개인주의적인 생각들이 만연하게 되면서 어린 시절부터 아이들이 참을성에 대한 부분들이 사라지게 된 것입니다.

그리고 충동을 잘 조절하지 못하고, 뭔가 하나에 집중하게 되지만 그 집중이라고 하는 것이 결코 아이에게 도움이 되지 않을 뿐만 아니라 오히려 그 집중하는 것들을 부모가 빼앗아 감으로 인해서 아이의 반항심이라든지 규칙을 학습하는 부분에 있어서 커다란 문제가 발생하는 것입니다.

Q : 아이들이 중독되는 데 있어서 부모의 영향이 크네요?

A : 예, 현재 부모의 영향이 가장 크다고 할 수 있습니다. 현재 부모들은 컴퓨터는 이미 본인들이 접해보고 사용을 해봐서 컴퓨터의 문제점이 어떤 것인지 너무 잘 알고 있습니다. 그렇기 때문에 아이들에게 컴퓨터 사용을 환경적으로 많이 제약하고 있는데 스마트폰은 이제 출시된 지 얼마 되지 않았기 때문에 부모들도 스마트폰이 어떤 문제를 일으키고 있는지 잘 모르고 있습니다.

그러다 보니 아이들에게 쉽게 스마트폰을 주고 그로 말미암아 생겨나는 문제들이 지금에 와서 하나둘씩 드러나기 시작했고 부모들도 스마트폰이 아이 손에 쥐어졌을 때 이러한 문제가 발생할 수 있다는 것을 서서히 깨닫고 있는 중이지만 아직도 많은 부모들은 스마트폰이 인터넷중독과 똑같은 문제를 일으킬 수 있다는 부분에 대해 모르는 분들이 더 많습니다.

Q : 분명히 안 좋은 것을 알면서도 아이들이 너무 당당하니까 스마트폰을 사용하지 말라고 하지 못하는 부모들도 많이 있어요. 이런 경우 어떤 방법이 있을까요?

A : 여기서 중요한 것이 하나 나옵니다. 저는 아이들의 부모에게 이런 이야기를 합니다. "당신은 아이에게 학부모입니까, 부모입니까?" 꼭

물어봅니다. 이 이야기는 아이가 공부를 잘하기 위해서는 스마트폰 뿐 아니라 공부를 하는데 필요 없는 부분까지도 다 해주는 부모들이 많더라는 겁니다.

스마트폰을 빼앗으면 중고등학교 아이들이 가장 먼저 하는 말이, "나 학원 안 갈 거야, 학교 안 갈 거야, 나 집 나갈 거야, 밥 안 먹을 거야." 하며 어떤 의미에서 부모들을 협박하고 있는 것입니다. 그러면 부모들은 아이가 무조건 공부를 잘하고 집을 나가지 않게 하기 위해 마지못해 스마트폰을 주는 악순환이 발생하게 됩니다.

이것은 부모가 아닌 학부모이기 때문에 아이가 무조건 공부를 잘해야 한다는 생각으로 아이의 잘못된 행동임을 알면서도 취하는 행동입니다. 하지만 부모라면 이미 스마트폰 사용이 인터넷과 똑같이 문제된다는 것을 알고 또한 이것들을 오랫동안 사용했을 때 도박의 문제뿐만 아니라 중독의 문제가 발생한다는 것을 인지하여 당연히 하지 못하게 막는 것이 맞는 겁니다.

이러한 것들이 공부보다도 더 중요한 우선순위의 가르침이 되어야 하는데 많은 부모들이 부모이기보다는 학부모의 입장에서 아이를 대하기 때문에 잘못된 것인 줄 알면서도 그것들을 단호하게 거절하여 막지 못하는 것입니다.

Q : 구체적으로 이런 스마트폰 중독을 상담하셨을 때의 심한 사례들이 있습니까?

A : 예, 지금 심한 사례 같은 경우 병원에 입원할 정도까지는 아니지만

상당히 심각한 부분에서는 아침에 일어나면서부터 새벽에 잠들 때까지 스마트폰을 손에서 놓지 못하는 친구들이 여럿 있었고 그 친구들이 주로 많이 했던 것들은 게임뿐만이 아니라 SNS이라고 하는 채팅에 상당히 많이 관련되어 있어서 실제 밥 먹을 때, 학교에서 생활할 때, 그리고 학원에 갈 때까지도 손에서 스마트폰을 놓지 못하며 가족 간의 불화가 심한 경우가 많이 있었습니다.

Q : 그럼 스마트폰 중독 같은 경우는 결국엔 인격형성에도 문제를 주지 않겠습니까? 보편적으로 중독에 나타나는 대표적인 역기능은 어떠한 것들이 있습니까?

A : 현재 의학회에서도 스마트폰과 인터넷으로 말미암아 뇌에 관련된 부분의 연구가 상당히 많이 진척이 되어 있는데 그중에서 가장 많이 나타나는 문제들을 통상 3가지 정도로 나눠볼 수 있습니다.

먼저 스마트폰을 오래 사용하게 되면 전두엽이라고 하는 뇌의 앞쪽 부분의 기능장애가 발생함으로 우울증이 가장 많이 나타나고 그다음에 ADHD가 많이 나타납니다.

그리고 세 번째로는 학습장애가 상당히 많이 나타나는 것으로 현재 연구가 되어 있습니다. 무엇이 먼저냐에 대해서는 아직도 연구가 더 되어야 하는 부분들이 많이 있지만 통상적으로 인터넷과 스마트폰에 문제가 있는 아이들은 이 3가지의 질병이 같이 나타나는 경우가 상당히 많이 있습니다.

Q : ADHD가 무엇인지 설명 부탁드리고요, 또 하나는 실질적으로 중독된 아이들의 뇌가 마약중독자들과 거의 유사하게 나타났다고 하는데 그 부분에 대해서도 설명을 부탁드립니다.

A : 아마 영화를 보신 분들은 ADHD에 대해서 너무나 잘 알고 계실 것입니다. '과잉행동장애', '주의력결핍과잉행동장애' 라고 이야기하는 것들로써 아이가 한 가지 것에 집중하지 못하고 끊임없이 산만하게 움직임으로 한 곳에 5분 이상 집중하지 못하는 것을 ADHD라고 합니다.

이런 것들은 선천적으로 타고나는 경우도 있고 후천적으로 만들어지는 경우도 있는데 통상 스마트폰과 인터넷에 많이 빠져 있는 아이들은 선천적으로 타고나기보다는 후천적으로 그런 기계들의 영향에 의해서 ADHD가 형성되는 경우들이 많이 나타나고 있습니다. 또한 작년에 뉴스라든지 인터넷에서 상당히 논란이 많이 되었던 문제인데 '스마트폰과 인터넷을 오래 사용하면 코카인중독자의 뇌와 아주 유사한 반응을 보인다.' 라는 신문기사가 나왔을 것입니다.

그것들이 의미하는 것은 모든 물질중독이나 행위중독. 도박이라든지 인터넷, 게임, 스마트폰 이 모든 것들이 뇌에 중변형도파민계라고 이야기하는 뇌의 중추신경계의 과잉활성화를 불러일으킵니다.

사람의 쾌락중추에 관련된 부분입니다. 어떠한 즐거운 활동을 하거나 어떤 것들을 성취했을 때 자연스럽게 즐겁게 되고 기분이 좋아지게 만드는 뇌의 부위인데 이 부분이 스마트폰을 하게 되면 인위적으로 계속 과잉활성화가 되어 활동량이 증가하면서 엔도르핀과

도파민 같은 물질들이 과잉생성이 되면서 문제가 되는데 이것들은 약물을 했을 때와 아이들이 스마트폰으로 게임을 하고 채팅을 했을 때 동일하게 MRA를 찍었을 때 그 부분이 활성화되는 모습들이 보입니다.

그렇기 때문에 곧 약물을 한 것과 게임을 하는 것은 뇌의 같은 부위를 활성화시키기 때문에 스마트폰이 그리고 인터넷중독이 곧 '사이버마약' 이라는 신문기사가 나온 것이고 그것들이 일맥상통한 이야기로 현재 이야기되고 있는 부분입니다.

Q : SNS의 사용이 많은 문제점으로 실제로 나타나고 있습니다. 일부 고등학교 학생들을 인터뷰해 보니 공부하는 애들은 스마트폰이 없었습니다. 소지한 학생들은 한 두세 명 된답니다. 왜 없느냐고 물어보았더니 그 애들은 공부하는 애들이라고 말합니다. 심지어는 수업 중에도 SNS를 많이 하고 교회 예배 중에서도 SNS를 많이 합니다. SNS가 가져오는 정말 최악의 역기능이 무엇인지 순기능까지 같이 말씀해 주십시오.

A : SNS가 가진 순기능, 역기능을 답하자면 우선 순기능보다는 역기능이 훨씬 더 많을 겁니다. SNS가 현재 가정에 가져다주고 있는 가장 역기능적인 문제는 가족 간의 대화단절을 들 수 있습니다.

각 가족마다 스마트폰이 없는 집이 없다 보니 실제 예전에는 가족이 같이 모여서 대화를 했다면 이제는 아이는 방에서 엄마는 밖에서 아빠는 거실에서 따로 생활하면서 SNS를 통해서 본인이 필요한 것들을 요구하게 되고 그것들을 SNS로 받아서 그 요구를 충족해가는, 대화가 없는 가족이 만들어지는 것이 가장 큰 문제이고 아이들과 아이들 사이에서 SNS가 문제가 되는 경우들은 말로써 하는 대화는 많은 것들을 이야기하고 감정을 읽어낼 수 있지만 SNS라는 것들은 단순히 몇 가지 문자와 이모티콘을 가지고 자신이 생각하는 것들을 표현하는 자체는 상당히 제약점이 많이 있습니다.

그리고 SNS의 역기능은 세대 간의 소통이라는 부분들을 순기능으로 작용할 수 있겠지만 SNS 채팅으로 인한 언어파기에 대한 문제는 이미 옛날부터 많이 언급되어 왔던 문제이고 어떤 의미에서 그 잘못된 이모티콘과 문자로 말미암아 오히려 사람들과의 사이에 더 큰 오해가 생기고 관계가 깨어지고 남들을 더 쉽게 공격하고 소위 인터넷상에서 일어나고 있는 마녀사냥에 대한 부분이 학교 안에서는 학교 왕따에 대한 문제로까지 확대되어 일어나고 있는 것을 볼 수 있을 것입니다.

Q : 페이스북, 트위터 같은 경우 폴 워셔 목사도 "당장 중지해야 한다"고 말하고 영국 프리미어리그 축구팀 맨체스터 유나이티드 감독이었던 퍼거슨 같은 경우에도 "인생낭비다" 라고 말하고 있습니다. 인생을 먼저 살아간 사람들은 페이스북, 트위터 이런 것에 대해서 굉장히 우려의 목소리가 높습니다. 박사님께서는 페이스북, 트위터 이런 부분을 어떻게 생각하고 계신지요?

A : 페이스북이나 트위터가 만들어진 원래의 목적은 아마 이런 식으로까지 문제가 될 거라고 생각하고 만들진 않았을 것입니다. 어떤 기

능이든지 잘만 사용하면 충분히 그 사람에게 좋은 용도로 사용될 수 있지만 실제 문제가 되는 것들은 어느 정도 사용에 대한 명확한 지침이 없었다는 게 가장 큰 문제일 것 같습니다.

페이스북 같은 경우만 하더라도 실제 자신의 일상을 간단히 기록해서 올리고 그것들을 여러 사람들과 같이 생각을 공유하고 사상을 공유하는 쪽에서 시작이 되었지만 지금 문제가 되고 있는 가장 큰 부분들은 결국 자신이 밖에서 보이는 모습들에 자신감이 없는 것들을 페이스북 같은 것들을 통해서 오히려 과장하여 더 나은 나의 모습으로 꾸미려고 하다 보니 문제가 발생하고 있습니다.

왜냐하면 페이스북 방문자 수를 많이 만들기 위해서 오히려 하지 말아야 할 말들까지 쉽게 올리고 그걸 통해서 이슈화시키는 것 자체가 본인이 곧 자존감이 향상되는 것이라고 생각하는 아주 잘못된 생각들을 가지고 있기 때문입니다.

원래의 기능들은 그런 것들을 만들어내는 것이 아니라 멀리 있는 가족과 친구들에게 내가 보여주지 못한 내 일상들이 어떤 식으로 움직이고 일어나고 있는지를 간단히 알려주기 위해서 만들어진 것인데 지금 현재 많은 사람들은 그것들이 곧 자기 자신의 모든 것들을 보여주는 것으로 착각을 하고 페이스북 방문자 수로 곧 내 자신이 인기가 없고 내 자신이 못난 사람이라고 생각하는 즉, 온라인상의 가상의 공간이 현실 세계의 나의 역할에 대한 부분들까지 같이 침해하면서부터 나에 대한 나로서 가지고 있어야 하는 그것들이 허물어짐으로 문제가 발생하고 있다고 볼 수 있습니다.

Q : 페이스북과 트위터에 내 스스로 볼 때 '중독되어 있다.' 라고 생각한다면 어떻게 하는 것이 효과적일까요?

A : 제일 중요한 것은 페이스북이나 트위터를 사용하지 않는 것 자체가 중요한 것이 아닙니다. 제일 중요한 것은 내가 적절하게 사용하고 통제할 수 있는 것이 중요한 부분이기 때문에 트위터나 페이스북에 문제가 있다고 느껴질 때에는 하루에 생활하는 가운데서 내가 언제쯤 트위터와 페이스북을 들여다보고 내 일상을 올릴 것인지를 정확한 시간과 횟수를 정해놓고 그대로 시행하는 것이 트위터와 페이스북의 중독에서 벗어날 수 있는 가장 좋은 방법이 될 수 있을 것입니다.

Q : 스마트폰, SNS, 게임은 결국 넓게 보면 인터넷 네트워크를 통해서 이루어지는 부분인데 자녀들이 이러한 문제에 깊이 빠져 있다고 생각할 때 부모의 역할은 어떤 것들이 있을까요?

A : 가장 중요한 부분인 것 같습니다. 부모가 아이의 컴퓨터 사용에 특히 인터넷사용에 문제가 있다고 인식되고 느껴졌을 때 무조건적으로 아이들을 나무라고 혼내고 인터넷을 없애고 컴퓨터를 없애는 것이 아닙니다.

이미 아이들은 그 사용에 대한 부분들이 너무 익숙해져 있는 아이들이기 때문에 부모가 해 줄 수 있는 가장 좋은 방법은 아이들에게 컴퓨터를 사용할 수 있는 올바른 방법을 아이와 같이 의논하고 가족 안에 규칙을 만들고 시간을 통제하여 함께 나누어서 사용할 수 있게끔 해주는 것이 어떻게 보면 가장 좋은 해결방법이라고 할 수 있습니다.

강형규 소장 (3P자기경영연구소장)

Q : 스크린중독에 대해서 말씀해 주시겠습니까?

A : 저는 학생들을 접할 기회가 많은데, 이제 중독된 학생들하고 이야기를 하다 보면 거의 사람이 아니라 벽처럼 느껴지는 경우가 참 많습니다. 스마트폰을 손에서 놓으면 생활이 안 될 정도로 굉장히 심각한 상황들이고 불안해합니다.

더군다나 스크린중독이라던가, 디지털중독은 거의 치매 수준으로 가고 있습니다. 그래서 '팝콘 브레인'이란 말이 있듯이 굉장한 자극에는 뇌가 반응하고 그렇지 않은 것에는 아예 반응을 하지 않습니다. 선생님들이 얘기하는 것들이 전혀 들어오지 않는 것이죠. 아주 자극적이고, 폭력게임 이런 것들은 들어오지만 그렇지 않으면 입력이 안 되는 그래서 멍한 상태. 이런 상태가 이미지에 중독된 상태라고 이야기할 수 있을 것 같습니다.

Q : 보통 스크린중독이라고 이야기를 하면 본인들은 어떻게 이해를 하나요? 예를 들면 "당신 스크린중독이다." 라고 이야기를 할 때 나타나는 반응들은 어떻습니까?

A : 대게는 본인들이 인지를 못합니다. 경우에 따라 인지를 했더라도 빠져나올 방법을 모를 뿐더러 온가족이 그런 경우가 참 많습니다. 심지어는 식당에 가보더라도 이제 테이블에 앉으면 벌써 각자 자기 핸드폰을 만지기 시작합니다. 회식하러 나온 의미가 아무것도 없는 거죠.

제가 스크랩을 한 것에 '말보다 게임을 먼저 배우는 젖먹이들' 이라는 그림을 보면 얼마나 섬뜩한지 모릅니다. 2012년 1월 31일자 조선일보에 나왔던 기사인데 엄마가 너무 바쁘고 일은 해야 하는데 애를 봐 줄 사람이 없었어요. 그래서 아이한테 아이패드를 주었더니 아이가 재밌게 잘 하더랍니다.

그런데 한참 지나다 보니 애가 너무 잘하는 거예요. 그래서 엄마는 이 아이가 인터넷 신동인줄 알았답니다. IT신동인줄 알았대요. 그렇게 몇 개월 지나다 보니 밥을 먹어야 하는데 밥을 안 먹는 거예요. 그래서 엄마가 그 아이패드를 뺏으니까 넘어가고 쓰러지는 겁니다. 엄마가 너무 걱정이 되서 동화책을 줬습니다.

그런데 동화책을 딱 받자마자 클릭을, 드래그를 하더랍니다. 그게 안 되니까 집어 던지고 울고 완전 폭력적이라는 거지요. 엄마도 모르고 아이도 모르는 사이에 이미 꽤 많이 중독되어 있는 그런 상황입니다.

우리도 물론 연구를 했지만, 독일 최고의 뇌 과학자가 쓴 책에는 한국이 이미 2010년도에 학생들의 12%가 인터넷에 중독되었다고 합니다. 마약에 12%가 중독되었다고 생각해보십시오. 인터넷에 중독되는 것이나 마약에 중독되는 것이나 다르지 않습니다. 뇌에서 느끼는 부위도 똑같고 원리도 똑같습니다. 아이뿐만 아니라 부모도 마찬가지고 무의식적이고 그 위험성 자체를 전혀 알지를 못합니다. 사실은 부모님이 먼저 중독되었기 때문에 아이들한테 가는 경우가 참 많습니다.

알코올이라든지 마약 종류는 그래도 대놓고 하지 못하지만 핸드폰이라든지, 컴퓨터는 너무나 쉽게 오픈되어 있습니다. 누구나 접속할 수 있습니다. 그렇기 때문에 아주 쉽게 중독되는데 그걸 잘 모르는 것입니다. 게임도 어떤 경우는 일주일에 90분 정도를 몰아서 하면 차라리 괜찮은데 매일매일 조금씩 하면 그게 중독이 됩니다.

술도 어떤 경우는 하루를 잡아서 먹는 것보다 매일 두 잔씩 조금조금 먹는 게 오히려 중독이 더 심하다고 이야기하는 것처럼 말입니다.

그런데 우리 일상에서는 늘 오픈되어 있습니다. 늘 가지고 있고 늘 쥐고 있습니다. 데이터를 보면 미국학생들은 하루 평균 일곱 시간 반 정도 스크린에 노출되어 있다고 합니다. 그게 스마트폰이 되었던, TV가 되었던 아니면 컴퓨터가 되었던 노출되어 있다는 것입니다. 그런데 한국 사람들은 이것보다 더 많으면 많았지 적진 않습니다.

Q : 스크린중독 증세에 대해서도 말씀해주시고 가정적인 문제에 대해서도 말씀해 주셨는데, 이런 스크린중독의 증세가 확장이 되면 어디까지 진행이 되는 걸 보셨습니까?

A : 우리나라 사례가 있습니다. 4년간 하루에 열네 시간씩 게임을 한 사

람이 있는데 전 이 비슷한 사람을 만난 적이 있습니다. 유학생 대상으로 16시간 정도 30여 명 강의를 했습니다. 끝나고 나서 한 학생이 저한테 면담신청을 해서 오라고 했습니다. 저한테 오자마자 그냥 눈물을 뚝뚝 떨어뜨리는 거예요. "왜 그러니, 무슨 어려움이 있었니?" 물으니 중학교 2학년 때 유학을 간 겁니다.

엄마, 아빠가 보내줘서 유학을 갔는데 비교적 잘 적응한 듯했고 어찌어찌해서 주립대학에 입학을 했어요. 주립대학 입학까지는 잘했는데, 이 친구가 하루 평균 12시간을 컴퓨터 게임을 한답니다. 12시간을 컴퓨터 게임 아니면 야동을 본다는 거예요. 교회는 다니는데 가도 사람들이 다 벽으로 느껴진다고 합니다.

사람만나기가 싫다는 겁니다. 하루 종일 12시간을 컴퓨터게임을 하고 있으면 뇌가 어떻게 되겠습니까? 아이도 죽겠답니다. 엄마, 아빠도 모르시는데 지금 그러고 있는 거예요. 그러면서 나보고 살려달라고 하더라고요. 살려달라고! 그런데 이런 사람들이 얼마나 많은지 말도 못합니다.

Q : 청년, 청소년들이 가장 심각하게 중독되어 있는 분야는 세부적으로 어디라고 보십니까?

A : 야한 동영상, 음란물 그런 것이 너무도 보편적으로 접해져 있습니다. 사실 오픈이 많이 되어 있습니다. 그다음이 스마트폰, 게임 이런 분야이고요. 심지어는 신문에 '게임 좀비', '괴물로 변해가는 아이들'이라고 나와 있는데, 이것은 사실 연령대와 관련이 없습니다.

여러 가지 사례가 있는데 게임을 못하게 하는 엄마를 나중에는 살해하는 사례가 뉴스에 나왔고 또 어떤 경우에는 게임에 중독된 부부가 아이를 방치해서 굶어죽는 사례와 같은 것도 있고 미국에 유학까지 갔다가 중퇴해서 한국에 온 친구가 있는데 칼을 휘두르는 사례라던가… 이런 것들이 너무 많죠. 게임 중독인 친구들은 가상과 현실을 구분을 못합니다.

이런 사례도 있습니다. 하루 종일 아들이 혼자 컴퓨터 게임을 하는데 나중에는 대학도 포기하고 외출도 안 하는 겁니다. 방에서 무슨 소리가 나서 들어가 보니 괴물을 죽이겠다고 칼을 휘두르고 있더래요. 가상과 현실을 이미 구분 못하는 거지요. 이미 음란물이라던가 야한 동영상이라던가 아니면 폭력게임, 핸드폰, 메일, 카톡 등에 이미 아주 광범위하게 중독된 상태라고 생각합니다.

Q : 어떤 특정시간이 되면 일 능률이 떨어진다고 말씀하셨는데 쉽게 설명을 해주십시요.

A : 이 아이들이 보통은 밤을 새거나 아니면 2박 3일, 3박 4일, 심지어는 일주일씩 하거든요. 그러다 보니까 몰아서 밥을 먹거나 간단히 자장면을 시켜 먹으며 게임을 하니 생활이 완전히 뒤바뀝니다. 그래서 보통 낮에 일어납니다. 저는 지금 대학에서 강의를 하고 있는데 대학에서도 오전 10시 강의가 거의 잘 안 이루어집니다.

밤새 게임이나 동영상내지는 야동을 보고 왔기 때문에 아무 생각이 없는 거죠. 그러다 보니까 출석률도 굉장히 저조할뿐더러 등록률도 저조하고, 그다음에 강의를 하다 보면 서로간의 반응이 있어야 하는데 반응이 거의 없습니다.

일단 눈감고 자는 학생이 거의 반일 정도로 완전히 낮과 밤이 바뀌어서 삽니다. 정상적인 패턴하고 전혀 다른 그런 삶을 살고 있는 것입니다.

3. 마약중독

■ 사례 1 : 이현수 (50세)

Q : 약을 처음 언제 하셨고, 그 계기는 무엇이었나요?

A : 약을 처음 접한 것은 한 21살 때로 기억됩니다. 미국에 스무 살 때
와서 1년 후쯤 약을 접하게 되었는데 주변의 친구들이 다 대마초를
하고 있더라고요. 저도 어느 날 해본다고 했는데, 너무 후회스럽습
니다. 처음 1년이란 세월을 안 하고 있었다는 것이 너무 후회스러울
정도로 그것이 좋았었어요. 그 이후 계속해서 약이라는 것을 접하
게 되었던 것 같습니다.

Q : 결혼을 하신 후에 하신 건가요?

A : 결혼을 한국에서 하게 되었는데요, 한국으로 나갈 때 가지고 나갔
어요. 그래서 한국에 있는 친구들 하고 같이 결혼식 하기 전날까지
그것을 피우고 결혼을 했고, 결혼하고 나서도 계속 약을 했습니다.

Q : 사모님은 언제 약하는 것을 아셨나요?

A : 집사람이 그것을 안 거는 그리 멀지 않은 시간에 알았던 것 같아요. 87년도에 미국으로 들어왔는데요, 제 생각에 한 90년대쯤 알았던 거 같아요. 단지, 그게 주변에서 알아보고 해도 그 당시에는 너무 흔한 것이고 미국에서는 통상적인 것이었기 때문에 크게 관여하지는 않았던 걸로 생각이 듭니다.

Q : 교회를 다니면서도 하셨나요?

A : 네, 그럼요. 예배(설교)에 들어가기 전에 한 모금하고 들어가서 설교를 들으면 괜찮았습니다. 워낙 그걸 즐기고 좋아하다 보니까 교회를 다니는 상황 속에서도 예배를 드리기 전에도 계속 꾸준히 했습니다.

Q : 약을 하면서 가장 후회스러웠던 기억이 있나요?

A : 제가 약을 하는 게 두 종류입니다. 하나는 대마초고, 하나는 코카인이라는 건데 그 코카인 중에서도 질이 나쁜 것이 '크랙'이라는 거예요. 제가 84년부터 시작을 해서 2006년까지 약을 꾸준하게 했었던 것은 대마초이고 중간 중간에 코카인을 했습니다.

최근이라고 해도 벌써 수년 전의 일이지만, 집사람하고 같이 '도넛 가게'를 하는데 아침에 아이들을 학교에 데려다 줘야 했습니다. 제가 아이들을 데려다주면서 아이들에게 주라고 준 점심값을 약을 사고 애들 점심값을 안 준 적이 있었어요. 그래서 아이들이 학교에서 하루 종일 굶어야 되는 적도 있었고 또 한 번은 정말 생각하기도 싫은 건데 친구랑 같이 약을 하고 있었어요. 한 친구가 약을 가지고 있었고 우연히 제가 거길 간 길에 약을 하고 있는데 우리 딸한테서 "학교가 이제 끝나서 집엘 가야 하는데 픽업 좀 해달라"고 전화가 왔어요. 아무도 같이 가줄 사람이 없다고 그렇게 전화가 왔는데, 약을 해야 되는데 갔다 오면 약이 없어질 것이고 또 갔다가 어쩌면 거리가 좀 있어 오지 못할 것 같은 상황이라 아예 생각하기가 싫더라고요. 약이 너무너무 하고 싶어서 거길 떠나기가 싫었고, 그래서 전화기를 꺼버렸어요. 나중에 알았는데 우리 딸이 학교에서 11시까지 있었다고 하더라고요. 밤 11시까지 혼자서 학교에서 아빠가 올 때까지 기다렸다는 얘기를 들었을 그때는 들어도 그렇게 가슴에 와 닿지가 않았어요.

어느 날 갑자기 그런 생각을 하는데, 아빠로서 참 너무 소홀했구나! 그런 생각도 들고, 요즘에 집사람을 통해서 들은 얘기는 우리 딸이 "자기가 가장 필요하고 힘들었을 때는 아빠가 없었는데 왜 요즘에 와서 아빠 노릇을 하려고 하냐"고 하는 말을 들었을 때 '약이라는 게 가정을, 아빠라는 존재를 이렇게까지 만들 수도 있다'라는 생각을 하면서 지난 세월이 후회스럽기도 하고, 앞으로 약 같은 유혹에 빠지지 말고 잘 살아야겠다는 다짐이 듭니다.

Q : 자신을 결정적으로 변화시킨 계기가 무엇인가요?

A : 결정적으로 변화된 이유는 저의 간절함이었습니다. 저는 하나님으

로부터 치유를 두 번 받은 사람입니다. 한 번 치유를 받고 9년이란 세월을 잘 살아오다가 또다시 '밀냅'을 하면서 한 3년이란 세월을 완전히 집에서 쫓겨나면서까지 하나님께서 허락하셨던 그 가정을 파탄을 내면서까지 그 약을 했었던 사람입니다.

어느 날, 갑자기 '아, 내가 이렇게 죽어서는 안 되는데... 하나님이 나를 이렇게 살다가 죽으라고 만드시진 않았는데... 내가 하나님께로 더 나아가야 하는데...' 그런 간절함이 있었고 하나님께서는 어느 정도의 시간이 흐른 후에 그 길을 여시더라고요. 그러면서 저를 그곳에서 건져내시고 치유하시고 또 다른 계획 속에 저를 보내시더라고요. 그래서 거기서부터 일어날 수 있었던 것 같습니다.

Q : 마약의 심각성을 잘 모르는 사람들에게 전할 메시지가 있다면요?

A : 마약이라는 것이 우리 한국 사람들의 고유적인 생각으로는 어떤 불량스러운 집단에 있는 그런 사람들이 주로 하는 것으로 생각하기 쉽습니다. 하지만 이 마약이라는 것은 우리들의 삶 가장 깊은 곳까지 들어와 있습니다. 마약이라는 것이 얼마나 무섭냐면 제 마음속에 들어와 있었던 예수 그리스도까지 빼앗아 가버립니다.

제가 이 곳 '나눔 선교회'에 처음 왔을 때 어떤 부모님이 하셨던 질문이 아직도 기억납니다. "도대체 마약이 얼마나 좋길래 합니까?" 자식에게는 차마 물어볼 수 없었던 그 질문을 하시는데 순간 당황스럽더라고요. 그런데 제 입에서는 이런 대답이 나왔습니다.

"예수 그리스도와 바꿀 만큼 좋습니다."

예수 그리스도는 우리를 위해서 돌아가신 분입니다. 그분을 바꾸는 그런 바보 같은 일은 하지 않았으면 좋겠습니다. 제가 그렇게 했던 장본인입니다. 그리고 흘렸던 수많은 눈물이 있습니다. 정말이지 다시 태어난다면 아니, 지금도 그렇게 하겠지만 그런 일은 다시 하지 않을 것입니다. 정말 하나님을 배반하는 그런 일은 절대로 하지 않을 것입니다.

교회를 다니면서 죄책감 속에서 그 마약을 끊지 못하고 살아갔던 저의 과거가 있습니다. 그런 과거가 그렇게 즐겁지만은 않았습니다. 제가 여러분들에게 희망이 될 수 있는 말씀을 드린다고 한다면 "예수 그리스도 외에는 나의 모든 것을 채워줄 것이 없다"라는 것입니다. 마약은 단지 순간 왔다 갈 뿐이지 그것이 우리를 평안하게 하는 그런 것이 아니라는 것입니다.

Q : 약을 하는 사람들은 같이 약을 하는 사람들을 알아볼 수 있다고 하던데 그렇습니까?

A : 약을 할 때, 저는 약을 파는 사람이 아니라 했던 사람이기 때문에 잘 몰랐는데 약을 파는 사람들은 약을 하는 사람들을 딱 알아보더라고요. 저는 아무런 내색을 안 하는데, 그들은 저를 보면 알아요. 저에게 다가와서 "혹시 약 필요합니까?"라고 물어볼 때도 있더라고요. 그런데 저도 간혹 가다 보면 '저 사람 약하는 사람이구나.' 하고 대략 알 수 있습니다. 약을 하는 사람은 약을 하는 사람들을 알아봅니다.

■ 사례 2 : 그레이스 쿠(30세)

Q : 약은 몇 살 때부터 하셨나요?
A : 열여섯 살 때 처음하고요. 스무 살 때부터 중독이 됐어요.

Q : 어떻게 하게 되었나요?
A : 너무 살기도 싫고, 괴롭고, 힘들고, 외롭고, 정말 자살하고 싶었는
데요. 마약을 하니까 많은 위로가 되더라고요. 마음이 편해지고...
그런데 그게 진정한 위로가 아니었었는데 거기에 그냥 푹 빠지게
되었어요.

Q : 열여섯 살 때요?
A : 열여섯 살 때는 그냥 해보다가 말고요. 스무 살 때부터입니다.

Q : 이유가 있엇을 것 같은데요?
A : 일곱 살 때 엄마 따라 이민을 왔습니다. 그 전에는 아버지, 동생, 할
머니하고 살았어요. 그런데 갑자기 엄마가 "나 엄마야, 기억 안나?
우리 미국 갈 거야" 하시더라고요. 그리고 나서 미국으로 왔는데 제
동생하고 아버지하고 할머니가 보고 싶었나 봐요. 그래서 무척 외로
웠어요.

Q : 지금도 한국에 계시나요?

A : 아버지하고 동생은 한국에 있어요.

Q : 그때 이후로 못 보셨나요?

A : 그때 이후로 스물네 살 때 처음으로 봤어요. 그리고 그 이후론 또
안 봤어요.

Q : 많이 보고 싶으셨겠어요?

A : 보고 싶은데 보게 되면 어색하고 좀 그래요. 너무 많은 시간이 흘러
서 그런지 좀...

Q : 아버지 어머니 따로 사시나요?

A : 한 번도 같이 계신 걸 못 봤어요.

Q : 스무 살 때는 학교 다닐 때인가요?

A : 학교도 다니고 직장도 다녔었어요.

Q : 약으로 인해 어느 정도까지 갔었나요?

A : 매일매일 약을 했고 약이 떨어지면 그냥 아무 때나 기절하고, 일주
일 동안 잠을 자고 그랬어요. 많이 위험했었어요.

Q : 깨닫게 된 계기가 있었나요?

A : 네. 무척 많아요. 하나님한테 많이 여쭤본 적도 있어요. "하나님 제

가 지금 무얼 하고 있습니까? 왜 제 인생이 어떻게 하다가 이렇게 되었습니까? 내가 만약 하나님 자녀이면 어떻게 하나님이 날 이렇게 내버려 둘 수 있습니까? 내가 무슨 쥐입니까? 마약을 시험하는 기니피그입니까? 하나님 저 왜 이렇게 내버려두셨어요? 제발 좀 일어날 수 있는 힘을 허락해 주세요. 전 이렇게 막 끌려 다닙니다. 제가 하기 싫어도 할 수밖에 없습니다. 하나님 절 구원해 주세요. 저 구해주세요."이렇게 한 십 년 동안 기도했어요. 내 의지로 안 되더라고요. 내 힘으로는 도저히 할 수 없더라고요.

Q : 하나님의 감동을 어떻게 받았나요?

A : 어렸을 때부터 전 혼자 뭐든지 다 잘했거든요. 운동도 잘하고 공부도 잘하고 다 잘했는데 이 마약중독 때문에 나는 하나님이 꼭 필요한 사람임을 알았어요. '하나님이 없으면 남아날 수 있는 사람이 아니구나.' 하는 것을 느꼈어요. 연약함에 힘이 되어준다고 하잖아요. 하나님이 나의 방패가 되어주시고 나의 힘이 되어준다고 믿었습니다.

Q : 교회는 어릴 때부터 다니신 건가요?

A : 전에 한국에서 할머니께서 부처님을 믿으셨거든요. 그래서 부처님한테 가서 절도 하고 그랬어요. 그래서 그런지 하나님은 믿었지만 항상 마음속에는 외로움, 우울증이 되게 심했어요.

Q : 앞으로 계획이나 준비하는 것이 있으세요?

A : 하나님 뜻대로만 살고 싶어요. 제가 계획한 대로 된 적 한 번도 없고
요. 성공한 적도 없고요. 정말 하나님을 믿고, 하나님 뜻대로 하나님
을 기쁘게 하는 자가 되고 싶어요. 하나님 자녀답게 살고 싶어요.

Q : 약을 친구 소개로 하게 되었나요, 스스로 찾았나요?

A : 아니요, 주위 애들이 다 하니까 저도 호기심으로 하게 되었어요. 그
게 그렇게 위험하고 그렇게 심각한 줄 모르고… 마약이 뭔 줄도 모
르고 그냥 했습니다.

Q : 인생이 어떻게 망가지게 되었나요?

A : 직장도 잃고 차도 마약하기 위해 팔고 그냥 여기저기 돌아다니면서
돈 필요할 때만 엄마 하는 가게에 가서 엄마한테 돈 달라고 했고 그
러면 엄마는 "내가 너 은행이냐, 너 나한테 돈 맡긴 거 있어?" 하고
쫓아냈고 어쩔 때는 부모님하고 싸워 신발도 못 신고 그냥 쫓겨나
돌아다니기도 하고 아주 형편없게 살았어요.

Q : 마약중독자들에게 한 말씀 하신다면요?

A : 열다섯 살 때 시내에 가서 처음 전도를 했었어요. 그런데 어떤 남자
분이 너무너무 마약중독에 빠져 있었고 너무 냄새도 나 비위도 상하
는 거예요. 속으로 '어머 어떻게 사람이 사람으로 태어나서 저렇게
살 수 있을까? 나 같으면 차라리 죽겠다.' 이렇게 생각했었어요.
그런데 제가 막상 마약중독자가 되어 보니까 정말 그럴 수밖에 없더

라고요. 사람에게는 마약중독을 이길 힘이 없어요. 정말 하나님 아니면 극복할 힘이 없어요. 그러니깐 절대 위험한 거니깐 손대지 말고 만약에 주위 사람들 중에 마약으로 고생하는 사람이 있으면 너무 책망하지 마시고 잘해주세요. 기도해주시고 그게 답니다.

■ 사례 3 : 셰나 김(23세)

Q : 어떻게 약을 하게 되었나요?

A : 전엔 집에서 공부만하고 마약이란 것은 뭔지도 몰랐는데 대학교에 처음 갔을 때 친구도 없었고 제 룸메이트가 마약쟁이였어요, 그 룸메이트가 마약을 저한테 가르쳐 주었습니다. 전 뭔지도 모르고 대학교 가서 배운 거예요. 처음 약은 메스암페르민이었는데 나중에 그 버클리에 있는 집 없는 어린 아이들 하고 같이 친구가 되서 헤로인을 찾고 거기에 빠져갔어요.

Q : 학교 가서 얼마 만에 그렇게 되었나요?

A : 가자마자 전 애기할 친구를 원했고 그 룸메이트를 만날 때 룸메이트에게 잘 보이기 위해 그 룸메이트 하는 것을 따라 한 거예요.

Q : 약을 하게 된 결정적인 원인은요?

A : 제가 대학교를 고등하교 졸업하자마자 안가고 싶었는데 엄마 아빠

가 바로 보내셨어요. 전 외롭고 무서웠지만 엄마하고 아빠는 저를
잘 도와주지 않았습니다.(돌보지 않음) 제가 느끼기에는 저를 버린
것 같이 그렇게 느꼈어요. 그래서 엄마, 아빠, 가족, 친구가 없으니
까 마약으로 도망간 거예요.

Q : 약을 하게 된 후 언제 잘못됐다고 느끼게 되었나요?
A : 그것은 3, 4년 나중인데요. 장학금으로 받은 돈을 마약에 다 써서
집도 없고, 더럽고, 그냥 못 먹고 그런 상황이었습니다. 제가 어느
날 어떤 더러운 화장실에서 손으로 헤로인을 목에다 집어넣는 그
모습을 거울로 보다 '어머 내가 뭐하는 거지! 이것은 사는 게 아닌
데' 하는 생각이 든 그때였어요. "하나님 죄송한데요. 절 좀 살려주
세요." 했습니다.

Q : 그때 어떤 마음이었나요?
A : 음. 무섭고, 슬프고, 불행했어요.

Q : 그러고 나서 어떤 행동을 취했나요?
A : 그다음엔 엄마, 아빠가 연락이 왔어요. 엄마하고 아빠가 운전해서
멀리 절 찾아왔어요. 그 전엔 엄마하고 아빠가 오면 밀어냈는데 마
지막 타임엔 도움 주려는 그것을 받았어요. '난 도움이 필요해. 혼자
서 이렇게 살면 죽을 거야.' 하는 생각이 들어 엄마, 아빠와 함께 LA
로 내려와 여기 나눔으로 들어온 거예요.

Q : 온 지 얼마나 됐나요?

A : 1년 3개월입니다.

Q : 형제자매가 있나요?

A : 두 명의 여동생이 있습니다.

Q : 학교로 돌아갈 생각은 있나요?

A : 있어요. 근데 버클리로 돌아가면 똑같은 사람 만날까봐 버클리는 아니에요. 안 좋은 기억들이 있으니까 그런 유혹들을 피하려고요.

Q : 교회는 언제부터 다녔나요?

A : 나눔 오기 전엔 성당 다녔었는데 열세 살 때부터 안 나가고, 나눔에 와서 교회를 다닌 거예요.

Q : 지금은 어때요?

A : 지금은 너무 좋죠. 너무 좋아요. 전 마약 같은 거 하고 싶은 마음도 없고 그게 다시 무서워지게 됐고, 음... 그냥 편안하고 이제 잘 될 것 같아요.

Q : 버클리의 학생들이 몇 퍼센트 정도 약을 하는 것 같나요?

A : 거의 다 한 번쯤은 한 것 같아요. 제가 만난 사람 중에 90퍼센트...

요새는 어린이들도 마약을 많이 하니까 처음 오는 애들은 60퍼센트 정도... 그런데 정확한 것은 전 잘 몰라요. 저의 추정일 뿐이에요. 하지만 매우 심각해요.

Q : 학교 선배들이 권하나요?
A : 그렇게 해요. 그 학생이 난 이런 건 안 하겠다, 마약도 안 하고 술도 안 마시겠다 하는 마음이 없으면 그냥 하게 돼요. 아직 어리고 마음도 여려서 하게 돼요.

Q : 아빠 엄마는 언제 알게 된 건가요?
A : 나눔에 오기 몇 달 전이요.

Q : 학교를 통해 알게 된 건가요?
A : 어떻게 알게 되었는지는 모르겠는데 제가 전화도 안하고, 연락도 없고 행동도 이상하고 그래서 알게 된 것 같아요. 느낌으로.

Q : 목에까지 주사를 놓게 된 건가요?
A : 네. 온몸에요. 팔, 목, 발, 다리...핏줄이 없어서 이제 병원에 가서도 힘들어요.

Q : 혹시 같은 또래 아이들에게 해주고 싶은 말이 있나요?
A : "힘들어도 마약은 아니다. 마약해서 좋을 것 하나 없고 진짜 중요하

고 진짜 기쁨은 이 마약 같은 것에서 안 온다." 말하고 싶어요.

■ 사례 4 : 알베르토 로페즈(46세) – 스페인

Q : BETEL(중독자 치유를 돕는 교회기관)에는 어떻게 오셨습니까?

A : BETEL에 온 이유는 헤로인과 코카인 중독 때문입니다. 그 당시 제
　　인생은 엉망이었고, 전 질이 나쁜 친구들과 어울려 다녔어요. 집이
　　없어서 거리에서 지냈으며 날마다 강도짓을 했습니다.

Q : 누구 소개로 오셨나요?

A : 그 당시 지금의 와이프도 나도 거리에서 지냈는데, 와이프도 마약
　　을 했었죠. 나는 서쪽에 와이프는 동쪽에 살았는데, 우리는 산블라
　　스에서 만나 마약을 하곤 했어요. 산블라스가 마약 미팅 장소나 다
　　름없었죠. 그런데 그곳에서 BETEL에 대해 알게 되었어요.

Q : BETEL 분들이 전도를 한 건가요?

A : 와이프 루시에게 크리스천 친구들이 있어서 이미 산블라스 BETEL
　　사역자의 전화번호를 갖고 있었어요. 산블라스 거리에 BETEL 사
　　람들이 와서 전도하곤 했는데 그렇게 몇 번 마주치다가 BETEL에
　　가보자 해서 가게 되었습니다.

Q : 어쩌다가 약을 하게 되었나요?

A : 어릴 때 착한 친구들과 그렇지 않은 친구들 두 부류의 친구들이 있었습니다. 그런데 학업성적이 떨어지면서부터 불량 친구들과 어울리기 시작했습니다. 1981~1982년도에 스페인으로 헤로인이 유입되었는데, 전 나이 많은 형들을 통해 헤로인을 공급받게 되었습니다.

Q : 몇 살 때였죠?

A : 14살 때 하치스라는 마리화나 종류의 담배를 피웠고, 열여섯에 헤로인을 시작했습니다.

Q : 당시 부모님과의 관계는 어땠습니까? 부모님들이 이 사실을 알지 않았나요?

A : 마약하는 걸 부모님이 아시게 된 건 간염에 걸려서입니다. 의사가 간염은 주로 주사바늘을 이용해 약을 할 때 생기는 거라고 부모님께 말했습니다. 그래서 제가 헤로인을 하고 있다는 것을 부모님이 아셨습니다.

Q : 부모님의 반응이 어땠습니까?

A : 무서워하셨습니다. 이미 아들의 행동이 이상하다는 걸 알고 계셨어요. 항상 나른해하고 피곤해하고 혼자 있고 싶어 하는 그런 증상이요. 돈을 요구하다가 훔치기도 했고요.

Q : 부모님이 알게 된 당시, 알베르토 씨의 나이가 몇 살이었나요?

A : 열여섯 살 때입니다.

Q : 헤로인 할 때 바로 아셨던 건가요?

A : 재판에도 휘말렸어요. 같은 학교 학생들에게 부모님의 금을 훔쳐오라고 협박했거든요. 미성년자라서 부모님과 함께 법원에 동행해야 했습니다. 가끔은 집에서 마리화나를 피우기도 했었습니다. 부모님 계실 때요. 부모님은 절 나쁜 환경에서 벗어나게 해주기 위해 많은 노력을 하셨어요. 그래서 산속에 있는 집을 렌트해서 그곳에서 가족이 생활하기도 했죠. 그런데 전 그 동네에서 또 다른 불량 친구들을 만나 어울렸습니다.

아버지가 목수셨는데 제게 같이 일을 하자고 하셨습니다. 일주일에 30유로를 주겠다고 하셨죠. 그런데 그건 약이나 마리화나를 하기 위해선 턱도 없는 비용이었습니다.

Q : 몇 살 때 처음 감옥에 가게 됐나요?

A : 열일곱 살 때요.

Q : 후회를 하셨을 텐데 언제 처음 후회하셨습니까?

A : 헤로인 중독으로 인해 재판에도 많이 연루되어 있었어요. 감옥을 나온 당일 아침에도 강도짓을 하고 돈을 훔쳤어요. 7년 동안 감옥을 왔다 갔다 했습니다. 루시와의 사이에 딸이 있었습니다.

Q : 예수님을 언제 영접했나요?

A : 크리스천이 되기까지 참으로 험난한 길이었습니다. 여러 재판에 연
루되어 있었기에 BETEL에 와서도 감옥을 들락날락 해야 했습니다.
BETEL에 들어온 후로 처음 감옥을 갔을 때는 한 달 반 동안 수감
생활을 해야 했어요. 감옥에 들어갈 때 성경책을 들고 갔습니다.
BETEL에서 하나님을 알게 되었지만 온전한 신자가 되었던 건 아니
기에 성경책을 감췄습니다. 별 상관없었고 뭔가 창피하기도 했고요.
그 후 BETEL로 다시 돌아갔고, 또다시 감옥에 수감되었습니다.
그리고 이번엔 성경책을 읽어보았습니다. 그때부터 전 하나님을 믿
는다고 고백을 했습니다. 수감자들에게 하나님에 대해 이야기하게
되었습니다. BETEL에 들어오고 나서 두 번째로 감옥에 갔을 때 비
로소 복음을 깨달았어요. 주님이 제 마음을 어루만지셨고, 복음은
제 삶이 되었습니다. 전 출소한 뒤 BETEL로 돌아갔고 진정 주님을
알게 되었습니다.

■ 사례 5 : 알렉산드라(27세)

Q : 당신을 몇 번 봤는데 행복해 보이는데 현재 행복하십니까?

A : 그렇습니다. 아주 행복합니다.

Q : 그전보다 많이 행복합니까?

A : 지금의 기쁨이 진정한 기쁨이고 내 삶은 그 기쁨으로 가득 차 있습니다.

Q : 이전의 삶은 어땠습니까?

A : 내 삶엔 아무것도 없었습니다. 친구도 그 누구도. 아버지도 어머니도 다 돌아가셨고 거리에서 지낼 수밖에 없었습니다. BETEL에 오기 전 난 가진 것이 아무것도 없었습니다. 예수 그리스도만이 구원자이신 것을 BETEL에 와서 알았습니다.

나만의 구원자가 아닌 모든 사람들의 구원자셨습니다. 유일한 나의 구원자 되시고 내 삶을 구원해 주신 예수님께 감사의 기도를 날마다 하고 있습니다. 작은 구원자는 바로 나를 집시캠프에서 구출해 이곳으로 데려온 마놀로입니다.

그 밖에도 엘리엇이 있고 그는 나를 믿어주었습니다. 처음 나는 굉장히 반항적이고 문제를 많이 일으켰습니다. 엘리엇은 내게 신뢰와 확신을 주었는데 그건 부모님에게서조차 받아보지 못한 것이었습니다. 그런 것들이 이곳에서 변화되는 데 큰 도움을 주었습니다.

Q : 언제부터 마약을 시작했습니까?

A : 아주 어렸을 적부터 시작했습니다. 어릴 때 난 빨리 나이 먹고 싶어서 나이 많은 사람들과 어울렸는데 그들은 질이 나쁜 사람들이었습니다. 학교에서도 연필을 담배 피는 것처럼 물고 있었고 곧 담배를 피게 되었고 담배에서 술로, 술에서 알약으로, 코카인으로, 헤로인

으로 발전해 나갔습니다.

내가 대체 마약을 왜 시작했는지 아직도 모르겠습니다. 반항적으로 태어나 부모님의 말도 잘 듣지 않았던 3개월 전 저에게는 순종이라는 단어는 생소하게만 들렸고 별로 마음에 들지도 않았습니다. 순종이나 규칙, 사랑, 친절 이런 단어들은 아무런 의미가 없었지만 지금은 그저 훌륭하다고 생각합니다.

아침에 일어날 때마다 신납니다. 깨끗한 머리카락을 유지하고, 깨끗한 옷을 입고, 농담에도 웃을 수 있게 되었습니다. 원수 같은 사람들이 내게 "절대로 평범한 사람이 될 수 없고, 가족과도 함께 할 수 없고, 다른 사람처럼 절대 살 수 없을 거야" 말했지만 지금 난 너무나도 행복하게 잘 살고 있습니다.

Q : 왜 사람들이 BETEL에 오면 당신처럼 변화될까요?

A : 이곳에 처음 왔을 때 큰 사랑을 느꼈습니다. 힘들어서 잘 걸을 수도 없던 나를 사람들은 발로 차 쫓아내기 일쑤였지만 BETEL은 내게 사랑을 주고, 먹여주고, 씻겨주고, 얼굴의 때를 깨끗하게 문질러 씻어주고, 안마도 해주었습니다. 큰 대접을 받았지요. BETEL은 다른 곳과 그리고 세상과 구별되는 곳입니다.

Q : 예전의 당신과 같은 중독자에게 해주고 싶은 말이 있다면요?

A : 하나님을 믿어야 합니다. BETEL에 온지 얼마 되지 않던 어느 날, BETEL의 강당을 청소하면서 떠나야지 마음먹었습니다. 그날 매우

좋지 않은 일이 있었고 BETEL의 리더에게 떠나겠다고 말했는데, 그 리더는 내가 믿음을 잃지 않도록 격려해주었습니다. 그날 밤 목사님이 설교시간에 아까 그 리더가 말했던 똑같은 이야기를 하는 것이었습니다.

그리고 나서 자매들의 모임에 참석했는데 그곳에서 상품을 얻었습니다. 내겐 그동안 단 한 번도 행운이 없었어요. 로또는 물론이고 그 무엇에도 당첨되어 본적이 없었습니다. 그런데 그날 자매들의 모임에서 컵을 상품으로 받았고 컵에는 이런 문구가 적혀 있었습니다.

"하나님께서 너와 함께 하신다는 것을 믿고 신뢰하라"

하나님을 믿고 신뢰하십시오.

■ 사례 6 : 한영호 목사(58세)

저는 20년 동안 마약중독자로 살아왔고 또 갱이라는 곳에서 마약 딜러가 되어서 살아오다 지금부터 22년 전에 죽음에서 하나님을 만나 이렇게 목사의 길로 가게 되었고, 중독된 형제, 자매들을 위해서 함께 동참하고 동행하려고 선교회를 시작했습니다. 그리고 그 선교회를 시작한 지가 거의 16년이 흘렀습니다. 지금도 기도하고 있지만, 중독으로 죽어가는 청소년들에게 큰 도움이 되었으면 합니다.

Q : 술에 중독된 것과 마약중독과의 차이점이 있다면요?

A : 많은 사람들이 중독이라고 하면 다 같다고 이야기합니다. 술중독, 마약중독, 하다못해 갬블(노름)중독 이라던가 컴퓨터 중독 등이 있는데, 중독이라는 단어는 같지만 그 증세는 다 다릅니다. 크게 말씀을 드리면, 술과 마약은 완전히 다른 중독이죠. 술은 취하면 인사불성이 되지만, 마약은 암만 취해도 기억을 다 합니다.

또한 술에 일단 중독된 사람들은 술을 많이 안 마셔도 취하게 되지만 마약은 중독이 되면 될수록 그 양이 엄청나게 늘어나게 되어 있어요. 그 외 여러 가지가 있지만, 크게 이 두 가지만 봐도 술과 마약은 완전히 다른 중독 증세라는 것을 꼭 기억하셔야 되요.

Q : 마약에 중독된 사람들을 보면 한눈에 알 수 있나요?

A : 마약은 크게 세 단계로 나누어져 있어요. 초기, 중기, 말기가 있는데 초기 때는 이 사람이 마약을 했는지 안 했는지 발견하기가 힘들어요. 적어도 발견하게 될 때에는 중기나 되서야 발견하게 됩니다.

그러나 일단 중기 때 발견하게 되면 손을 쓸 수가 없습니다. 초기 때 발견되면 사람의 힘으로도 약을 끊을 수 있어요. 술을 한 잔 마시고 안 마시면 되듯이 약을 한 번 하고 안 하면 되거든요.

그러나 그것이 중기로 넘어 가고 부터는 막을 길이 없는데 마약을 하는 사람들의 특징이 여러 가지가 있겠지만, 대부분이 내적으로는 자꾸 거짓말을 하게 되어 있어요. 이것이 가장 큰 특징입니다. 그리고 사람들을 자꾸 피하려고 하는 기피증이 생기게 되어 있어요.

외형적으로는 자꾸 말라갑니다. 그리고 자꾸 주위을 살피며, 두리

번거리고 이러한 것들이 마약증세에 포함되는 내용이고 이것이 좀
더 심하면 환각, 환청까지 가는 거죠.

Q : 교회 안에서도 마약을 많이 한다고 하는데, 그 사례가 있습니까?
A : 저는 개인적으로 온 가족이 음악을 하는 가정에서 자랐기 때문에
저도 음악을 오랫동안 한 사람 중에 하나인데 음악이라는 건 테크
닉도 있고 또 '필링' 이라는 것이 있어야 됩니다. 그래서 음악이라는
'탈랜트' 도 있어야 되고요.
제가 음악을 하면서 주로 한 악기가 기타인데 약을 하면 정말 음악
의 그 소리가 얼마나 아름다운지 몰라요. 그렇게 찬양을 하고 대중
음악을 하는 그 부분에 있어서 제 개인적인 말씀을 좀 드린다면 대
중음악들은 저에게 맞는 곡이라고 생각을 해요. 대중음악은 제가
듣고 제가 거기 감정에 취하고 빠질 수 있는 음악입니다.
찬송가나 복음성가는 하나님을 위한 곡이라고 생각을 해요. 우리가
거기에 취하고 빠져 대중음악 듣듯이 그런 감정을 갖는 것은 개인
적으로 바람직하지 않다고 생각해요. 우리가 찬송가나 복음성가를
하나님께 회개하고 기도하는 마음으로 듣는다면 문제가 다를지 몰
라도 궁극적인 찬양의 목적은 하나님께 영광을 드리는 것이라고 저
는 믿고 있거든요.
우리의 감정을 떠나서 하나님을 기쁘게 하고, 하나님께 감사를 드
리는 것이 찬양이라고 생각을 하는데, 제가 한 집회를 갔을 때 찬양
을 드리는 애들이 마리화나를 피우고 올라가서 찬양을 하고 있는

거예요. 저는 음악 소리만 들어도 대략 어떤 필링으로 하는 것인지 알 수가 있는데 약에 취해서 하는 음악은 들어보면 금방 알거든요. 그렇게 약에 취해서 찬양을 드리는데, 밑에 있는 사람들은 걔네들이 울면서 찬양을 하니까 은혜스러운 찬양인 줄 아는 거예요. 이런 사단의 역사가 얼마만큼은 하나님께 드리는 찬양까지도 아주 깊숙이 들어와 하나님이 받아야 될 영광을 사단을 즐겁게 하는 순간이 되지 않나 생각이 되요.

Q : 중독자들이 극단적인 행동하는 사례도 많다고 하던데요?

A : 마약을 하면 환각과 환청을 보고 듣는 아이들이 많죠. 그 아이들이 화장실에서 자신의 성기를 자르기도 하고, 또 예배시간에 빨개 벗고 들어오기도 하고, 옥상에서 그냥 뛰어 내리기도 하고 정말 극단적인 행동을 하는 사람들이 많이 있어요. 그것은 환청을 듣는 거예요.

자기에게 자꾸 하라고 하는 그 목소리를 듣는 거예요. 그 목소리가 이렇게 해라, 저렇게 해라 하니까 약을 하면서 그 목소리에 끌려 다니는 거죠. 그러다 보니 그런 극단적인 행동을 하게 되는 것이고요. 제가 캠페인을 하고 예방차원에서 세미나도 하고 있지만 술에 취해 인사불성이 된 사람은 병원에 안 보내면서 왜 약에 취해서 이상한 행동을 하는 사람들은 꼭 병원에 보내냐고 합니다. 정신병동에 들어가서 정신병 약을 먹고 평생을 사는 아이들이 생각보다 너무 많이 있습니다.

예를 들어, 술은 그 다음날에 깨지만 약은 3일 만에 깨기도 하고 1

주일 만에 깨기도 하는데 그때까지 기다려줘야 되요. 술 취해 인사
불성이 된 사람을 같은 병동에 넣으면 그 사람은 정신병자가 되요.
그걸 기다리지 않고 병원에 보내면 그 사람은 정말 돌아버립니다.
이러한 것들이 우리가 적을 알아야 적을 이기듯이 분명히 알아야
될 것입니다.

Q : LA지역의 한인들 상황은 어떤지요?
A : 한인사회 차원에서 말씀을 드리자면, 약에는 크게 4종류가 있습니
다. 하나는 마리화나입니다. '마리화나'는 종류가 400가지가 넘어
요. 두 번째는 '아이스'라고도 하고, '투윅'이라고도 하는데 우리
한국말로 표현하면 '히로뽕', '필로폰'입니다. 이러한 것들이 우리
청소년들에게 이용되고 있고, 그 다음에 '코카인'이라는 것이 있어
요. 코코아 나무에서 추출하여 만든 마약이죠.

그다음에 '헤로인'이라는 게 있는데, 이것은 '몰핀' 주사에서 추출
해서 만드는데 그 '몰핀'은 '오피움'이라고 양귀비에서 뽑아서 만
들죠. 그러니까 양귀비에서 뽑아서 만든 게 '몰핀'이고, '몰핀'에서
뽑아서 만든 게 바로 '헤로인'입니다.

크게 4가지의 성분이 다 다르고 4가지의 증상도 다 다른데, 현재 한
인사회 청소년들에게 가장 많이 이용되고 있는 것은 '마리화나'와
'스피드'라고 하는 '히로뽕', '트윅', '아이스', '메스암페타민'이라
는 약이며 그다음에 '엑시터시'라든가 '스페셜K', '츄렌클라이져'
이러한 것들이 아이들이 많이 하고 있죠.

대략 한인 청소년들이 마리화나를 대체 얼마나 하는지 봤을 때는, 한 번을 했든 두 번을 했든 중독이 되었든 모두 포함해서 약 90% 정도로 보고 있어요. 그다음에 '스피드', '코카인', '헤로인' 이 정도는 세 명 중에 두 명은 하고 있지 않나 생각이 되고요. 교회 안에서는 청소년 모임 안에 대략 반 정도는 하고 있지 않나 생각이 되요.

Q : 어디서 그렇게 마약을 쉽게 구하나요?

A : 미국은 담배를 사는 것보다 마약 사는 것이 더 쉬워요. 담배는 18세 이상이 되어야 파는데, 마약은 불법으로 하니까 인터넷을 통해서도 살 수 있고, 전화로도 살 수 있어 많이 퍼져 있습니다.

많은 사람들이 마약 그러면 꼭 어떠한 조직들이 있어 조직을 통해서 유통이 되어 들어온다고 생각들을 하는데, 그건 무슨 책 속의 주인공이나 영화 속 한 장면을 그리는 것이고 보통 마약을 하는 사람들은 다 딜러가 되게 되어 있어요.

처음에는 예를 들어서 마약을 10불어치를 구해서 했는데 나중에 알고 보면 그 마약 값이 5불밖에 안 돼요. 그러면 자신도 5불에 약을 구해서 10불에 팔고 나머지 5불어치는 자신이 약을 하는 거죠. 그러니까 너나 나나 어느 정도 약을 접하면 누구나 마약을 충당하기 위해선 돈이 필요하니까 약을 팔게 되어 있어요.

또한 보통 마리화나 양귀비는 집에서 키워요. 빈 집을 하나 구해서 키우는 사람들이 한두 명이 아니에요. 그걸 무슨 재간으로 막을 수 있겠어요. 마약을 막을 수 있는 길은 제 개인적으로는 늦었다고 생각해요. 이제는 마약이 합법화될 수밖에 없는 게 예를 들어 1불 2불 밖에 안 되는 마약을 100불 이상을 주고 매일 바꾸고 있거든요. 그걸 "똥풀"이라고 합니다. 엄청난 돈을 주고 바꾸고 있는데, 나라가 언제까지 그걸 막을 수 있다고 생각하세요? 제가 보기엔 마약은 반드시 합법화될 거예요.

자본주의 국가에 물질이라는 것이 있기 때문에 반드시 한계가 올 거예요. 이것은 제가 마약세계에 평생을 살아왔다고 해도 과언이 아니기 때문에 말할 수 있습니다.

이것은 합법화되지 않으면 정말 그 값어치도 없는 약들을 엄청난 돈을 주고 유통해야 하는 문제가 있고 불법을 통해서 더 많은 범죄가 일어나고 있는데 어떻게 합법화하지 않을 수가 있느냐 이 말이죠. 앞으로 사단이 쓰는 마지막 무기가 될 것이라고 생각해요.

제 개인적으로는 사단이 인간의 종말을 마약을 사용하고 있지 않나 생각을 하고 있어요. 이 이야기를 10년 전에도 그렇게 부르짖고 이야길 했는데, 많은 사람들이 '목사님이 약을 했기 때문에', '목사님이 중독자였기 때문에', '목사님 눈에는 마약하는 사람들밖에 보이지 않기 때문에' 그런 얘길 한다고 하죠. 그러나 저는 다른 건 몰라도 마약이 무엇인지 알고, 최소한 사단이 누구인지 안다는 것만큼은 믿어주길 바래요. 절대로 이것은 끝나지 않고, 더 많은 중독자가 생길 것입니다.

Q : 자녀의 마약을 막다가 부모도 중독된 케이스가 있다고 하던데요?

A : 자녀가 약을 하니깐 부모가 "그게 그렇게 좋아? 그럼 나도 해볼게" 하고 중독이 되는 경우입니다. 자식이 중독되어 있는데 부모님들이 마약에 대한 지식이 없다 보니 본인이 Try하다가 중독이 되는 거죠. 이것이 바로 사단의 유혹입니다. 우리를 직접적으로 망가뜨리기 이전에 유혹을 줘서 스스로 망가지게 하는 게 사단의 계획이거든요.

Q : 중독자들의 극복을 위한 치유에 가장 필요한 것이 있을까요?
A : 제일 먼저 중독을 극복하기 위해서는 중독자들에 대한 이해를 충분히 하셔야 됩니다. 세상은 중독자라고 하면 일단 비판하고 정죄하며 인간쓰레기 같은 그런 표현들을 많이 하고 가정에서 중독자가 있으면 가족들이 숨기고, 창피하게 여겨 병에 걸려 병원에 가서 치료를 받아야 하는 게 먼저인데도 체면 때문에 끝까지 숨기다가 아주 최악의 상태인 말기까지 간 다음에 저희 선교회에 그냥 떠맡기듯이 맡기는 그런 가정이 얼마나 많은지 몰라요. 가끔 제가 왜 그 아이들을 맡아야 하는지, 왜 부모님들이 그렇게 창피하게 생각하는 그곳에 맡겨야 하는지 의문스럽습니다.
그런데 이 중독자들이 극복할 수 있는 길은 누군가가 저들과 함께 동행을 해야 됩니다. 동행을 하되 절대로 가르치려고 하면 안 돼요. 저들은 가르치고 트레이닝시키는 그런 리더쉽이 필요한 것이 아니고 저들 옆에서 함께 같은 동질성을 가지고 이해와 용서와 서로 감싸줄 수 있는 그런 마음을 갖고 대할 때 그들의 삶이 극복되지 않나 생각해요.

저도 마찬가지고 선교회에서 종종 일어나는 일이지만 세상에서 제일 싫은 게 가르치려 드는 것입니다. 나를 자꾸 트레이닝시키고 변화시키려고 하는 사람들이 싫은 겁니다. 중독자가 사람의 힘으로 변화를 받을 수 있다고 생각하느냐는 말입니다.

개인적으로 중독만큼은 하나님 외에는 다른 치유가 없다는 걸 확신합니다. 어떤 약물로도 그 어떤 치료를 한다고 하더라도 오직 하나님이 역사 하셔야 합니다.

그러나 하나님이 역사하는 그 과정 중에 누군가가 저들과 함께 동행하는 사역이 중독을 극복하는 하나의 길이라고 생각해요. 함께 동화하고, 쓰러진 사람을 잡아 일으켜주고, 넘어지면 다시 세워주고 하는 것이 저들이 극복할 수 있는 길이라고 생각합니다.

Q : **결국, 마약의 완전한 치유가 가능할까요?**

A : 저는 마약을 끊었다고 하는 사람들을 다 안 믿어요. 마약에 일단 중독된 사람은 죽을 때까지 마약과 싸우셔야 되요. 담배를 끊었다. 그것도 안 믿어요. 술을 끊었다. 그것도 안 믿고 더욱이 마약을 끊었다 하면 저는 더더욱 안 믿습니다. 제가 마약을 안 한지 22년이 됐지만 내일 다시 마약을 할지 모릅니다.

그러나 오늘 승리하면 내일도 승리할 줄로 믿어요. 그래서 마약중독자는 결코 'My way'를 가서는 안 돼요. 반드시 'His way'를 가야해요. 마약중독자는 내가 원하는 길을 가는 경우에는 십중팔구 다시 마약을 한다고 봐요. 왜냐하면 마약은 하나님을 떠나서는 해결할 수 없기 때문입니다. 그래서 믿음 안에 거하고 마약중독자들은 될 수 있으면 '히스 웨이' 안에 정말 하나님 안에서 믿음을 지켜가는 수밖에 없어요.

그리고 더 중요한 것은 속지 말아야 합니다. 중독자를 '벌구'라고 해요. 울기도 잘하고 쇼도 잘해요. 연극도 잘하고 말도 잘하고 중독자들은 생각보다 스마트한 사람들이 많아요. 속지 마세요. 입을 벌렸다 하면 구라를 치기 때문에 그들이 이야기하는 게 진실인 것 같아도 진실이 아닌 경우가 많고, 괜히 남들 앞에서 우는 것 같아도 진짜 우는 게 아닌 경우가 굉장히 많아요. 왜냐하면, 약을 한 사람들은 감정이 무지무지하게 풍부하거든요.

Q : 그렇게 하는 이유가 약의 영향인가요?

A : 약의 영향보다 마약중독자들이 자기를 커버하려고 하는 게 많아요. 정당화시키면서 자기를 보호하려는 마음가짐이 있고, 또 마약을 하다 보니까 창피한 것도 있잖아요. 그런 여러 가지가 복합적으로 일어나는 거죠. 약하는 사람들이 가장 잘하는 것 중에 하나가 바로 거짓말입니다. 핑계대고, 괜히 스트레스 받았다고 가서 또 약을 하고, 내가 열심히 살려고 했는데 너무너무 힘들고 세상이 받아주지 않았다고 해서 또 약을 하고 하여튼 별 핑계를 다 대요. 그래서 그런 약중독자들에게 전문지식을 가져 속아 넘어가면 안 됩니다.

Q : 중독 청소년 (한인)부모들의 현실은 어떻습니까?

A : 우리 한인 부모님들은 자녀들에게 문제가 있는데도 그것을 덮으려고만 해요. 스스로 내 아이는 아니라고 생각하는 겁니다. 주위에서 "아이가 약을 합니다." 이야기를 해도 그 부모는 "내 아이만은 아닙니다." 라고 해요. 이것이 한인 부모님들이 가지고 있는 마음가짐이나 정신상태 같아요. 그다음에 드러내고 싶지 않은 것입니다. 아이들이 이상한 짓을 하는 것을 일부러 부모님이 피하는 경우도 있어요. 그것을 일부러 들추지 않습니다. 마약이라는 것을 모르다 보니까 '언젠가는 약을 끊겠지' 하고 그에 대한 전문지식을 배우지 않고 그냥 개인적인 판단으로 마약을 판단해버리는 것입니다. 이러한 것들이 부모들이 자녀를 망가뜨리는 가장 큰 문제점입니다.

Q : 남녀 비율에 대한 통계도 나와 있나요?

A : 저희가 하이스쿨 통계 낸 것이 있는데, 몇 년 전에 한 것이기 때문에 현재의 통계가 어떻게 되는지는 아직 파악하지 못하고 있습니다. 왜냐하면, 동참들을 잘 안 해주기 때문에 한인사회에서 통계를 내는 것이 정말 쉽지 않아요. 특히나 마약통계 내기는 정말 생각보다 힘들고, 또 당사자들도 한다고 해서 동참하는 사람들이 얼마나 있겠냐하는 거죠. 그래서 이런 것은 비공개적으로 통계는 낼 수 있어도 공개적으로는 쉽지가 않습니다.

Q : 마약 중독자들의 최종 종착지는 노숙자가 되는 것인가요?

A : 보통 다운타운에 한인 노숙자들은 거의 없어요. 있어봤자 두세 명

정도이고 한인 노숙자들은 생각보다 그렇게 많지는 않아요. 보통 '히스패닉'이나 흑인, 백인도 좀 있고 노숙자들은 거의 100%가 마약이죠. 신기하게도 거의 수천 명에 가까운 노숙자들이 길거리에서 자고 있는데 사실 저들에게는 "쉘터"가 있어요. 그런데 거기서 안 잡니다. 왜냐면 그 안에서는 약을 못하고 또 술도 맘대로 못 마시기 때문에 "쉘터"가 있어도 소용이 없어요.

제 개인적으로는 '정말 이렇게 살면 안 되겠다' 해서 그 안에서 빠져나올 수 있도록 하는 것이 더 필요하지 그들을 먹여주고 재워주고 서포트 해주는 것은 조금 반대입니다.

그리고 또 낮에 있는 노숙자들이랑 밤에 있는 노숙자들이 다릅니다. 신기하게도 마약을 하면 추운 길거리의 찬 바닥에 얼굴을 대고 자도 '풍'이 안 옵니다. 그래서 생각보다 '풍'에 걸린 노숙자는 못 봤을 것입니다.

Q : 왜 약에 빠지면 안 되는지요?

A : 개인적인 경험과 의견으로는 약을 하는 순간부터 삶이 약에 구속되어 약을 중심으로 살아가게 되고 그 안에서 빠져나올 수 있는 길은 거의 없기 때문에 약은 절대로 하면 안 됩니다.

약이 우리의 삶을 컨트롤하기 때문에 결국은 거짓말을 해야 되고 범죄를 안 할 수 없게 되기 때문에 약은 절대로 시작하면 안 되는 것은 분명한 사실입니다. 저는 목사가 되기 이전에 마약을 20년 가까이 했고, 또 마약중독으로 살아갔으며, 마약에 빠져 인생을 포기하고 살아왔던 사람 중에 한사람입니다. 결국은 마약이라는 것은 내 삶을 포기하게 만들고 내 모든 인생을 마약에 걸게 됩니다.

그렇게 20년 가까이 살다가 제가 죽음에서 하나님을 만나게 되었고 또 그렇게 만난 하나님을 통해서 제가 목사까지 되었는데 이것은 전적인 하나님의 은혜와 사랑이고 기적입니다.

저 같은 사람이 어떻게 목사가 될 수 있냐 하는 거죠. 제가 이렇게 살아있는 것조차도 기적입니다. 저는 마약으로 인해서 죽을 수밖에 없던 사람 중에 하나였거든요. 분명한 것은 마약을 하면 안 됩니다. 마약을 하는 순간부터 인생은 마약에 속하는 것입니다.

Q : 그러면, 마약을 이미 시작한 사람들은 어떻게 해야 될까요?

A : 마약에는 초기단계, 중기단계, 말기단계 이렇게 크게 세 단계가 있습니다. 처음에 시작해서 한두 번 한 사람들은 스스로 마약을 끊을 수 있어요. 그러나 그 단계가 지나면 그다음부터는 스스로 안 할 수 있는 한계는 이미 지난 것입니다.

마약중독자들이 주로 하는 이야기는 자기는 '스페셜' 이라고 얘기를 해요. 다른 사람은 다 중독이 됐지만 나는 아니라고 하거든요. 일단 마약에 중독되면 너나 할 것 없이 다 똑같아요. 누구는 더 컨트롤 할 수가 있고, 누구는 안될 수 있는 것이 아닙니다. 누구나 다 중독이 되면 벗어나지 못해요. 그것을 기억하셔야 합니다.

Q : 마약의 빈도수가 높은 사람들이 회복할 수 있는 방법이 있다면요?

A : 저는 감옥에도 갔다 왔고, 여러 가지 재활기관에도 다녀왔어요. 스스로도 마약을 안 하려고 많은 노력을 했지만, 결국 그 노력과 또 재활기관이라던가 감옥수로 갔을 때도 마약문제는 해결이 안 되었습니다. 해결할 수 있는 길은 딱 한 길 예수님을 만나는 것입니다.

이것이 그 어떤 치유보다도 빠르고 또 가장 정확하게 치유를 받을 수 있는 길입니다. 저 같은 사람이 20년을 마약을 했는데, 세상의 방법으로 치유가 되겠느냐 말입니다.

여러 가지 방법이 있어도 치유가 안 됐고, 하물며 총을 들고 가드들이 서 있는 그 철장 안에서도 중독자들은 약을 한다는 것입니다. 저만큼 프로그램을 많이 간 사람이 없을 것입니다. 그런데 예수님을 만나는 순간 저의 모든 문제가 해결되었고, 제가 목사까지 되었다는 사실은 예수님을 만나는 것만이 그 문제를 해결할 수 있는 길이었다고 생각합니다.

■ 박종연 박사 (한국상담개발원)

Q : 청소년 약물에 대해서 한번 말씀해 주십시요.

A : 우리나라 청소년 약물의 시작은 80년대부터 90년대 초에 본드, 부탄이 시작입니다. 그때 아이들은 본드, 부탄을 몰래 산이나 폐가에서 흡입하다가 실제 화상을 입은 아이들이 상당히 많고 그런 것들이 90년대 PC방이 등장하고 게임중독이 발생하기 시작하면서 한

때 일시적으로 줄어드는 추세였습니다.

그러다가 작년과 재작년을 기점으로 해서 부탄가스에 대한 부분들은 사라졌지만 본드에 대한 부분들은 성인에까지 넘어가게 되었고 오히려 지금 청소년 아이들에게 문제가 되는 것은 니스라고 하는 부분들입니다.

책상에 바르는 니스를 흡입하기 시작한 중학교 아이들 사이에서 유행처럼 움직이기 시작해 실제 니스에 대한 것을 잘 모르는 아이들도 니스를 사용하기 시작했고 전라도 광주 지역에 청소년 아이들에게서 니스문제가 발생하여 불과 삼 개월 만에 서울 경기지역의 아이들까지 니스사용이 일어날 정도로 아주 심각한 문제가 된 적이 있습니다.

그뿐만 아니라 지금 현재 아이들이 빠져 있는 약물들은 소위 말하는 진통제 다이어트라고 해서 두통과 생리통에 먹는 약들을 많이 먹어 일시에 살을 빼는 실제 여고생들 사이에서 많은 문제가 일어나고 있습니다. 또한 몸짱약이라고 해서 외국에서 무차별적으로 근육을 키우는 약들을 아이들이 남대문이라든지 일부 수입상가에서 아니면 인터넷에서 구입해 먹고 운동을 함으로 호르몬계에 문제가 생기는 경우들도 상당히 많이 발생을 했습니다.

또한 일부지역에서는 ADHD약이 집중력을 높이는 약으로 둔갑을 해 실제 병원이 처벌을 받는 문제들까지 상당히 많이 발생을 했으며 현재 청소년 아이들에게 가장 심각하게 문제가 될 수 있는 약은 미국에서 문제가 된 고카페인 음료인 에너지음료입니다.

현재 우리나라에도 에너지 음료라고 이야기하는 '에너지 붐붐'은 고카페인 음료에 커피를 넣고 아니면 박카스라든지, 영양제 같은 것들을 섞어서 마시는 것입니다.

이런 에너지 음료를 시험 볼 때마다 밤세워 공부하기 위해 계속 마시고 시험이 끝난 이후에 불면증이 생겨 몸에 열이 오르고 심장박동이 급격히 증가해 병원을 찾는 아이들의 수가 점차 증가하고 있는 추세입니다.

아이들이 어린 시절부터 이런 약물들에 쉽게 노출되고 또한 그런 자료와 그것들을 만드는 방법이라던가, 사용법들이 인터넷상에 무차별적으로 돌아다님으로 인해서 아이들이 그런 정보들을 너무 쉽게 찾아내고, 쉽게 찾아낸 그것들을 너무 쉽게 본인의 삶 안에 많이 적용함으로 오히려 전에 비해 현재 청소년에게서 나타나는 문제들은 상당히 심각한 문제로 나타나고 있습니다.

아이들을 상담하는 부분에서 옛날에는 학교폭력문제라든지 가정의 문제만 다루었다면 현재는 아이들에게서 혹시 ADHD약이나 공부하기 위해 '에너지 붐붐' 음료나 살 빼는 진통제 다이어트를 해봤는지, 몸짱약을 먹었는지 확인을 해야 하는 지경에 이르러 아이들에게서 나타나는 문제가 심각하다고 볼 수 있습니다.

4. 알코올중독

■ 정미숙 (라이프라인 알코올 상담센터 소장)

Q : 한국의 알코올중독실태를 간략하게 설명해주시면 어느 정도가 됩니까?

A : 한국의 알코올중독이라고 하면 숫자적으로는 차이가 많이 있기는
하지만 거의 한 250만에서 350만 정도의 알코올 중독자가 있습니
다. 알코올중독이 치료가 어려운 것 중에 하나는 2011년도에 우리
나라가 중독자 실태조사를 했을 때는 87%가 '나는 알코올 중독이
아니다' 부정하는데서 오는 현상 때문이기도 하지만 더 안타까운
것들은 알코올중독을 아직까지도 우리는 어떤 병이라고 하는 개념
보다 개인적인, 어떤 도덕적인 문제로 보는 것입니다.

그래서 치료시설이라던가 지원되는 사회적 구조가 별로 없어요. 어
찌 보면 똑같은 정신질환이라는 카테고리 안에 정신분열병이나 기
분장애병도 있는데, 오히려 그분들보다는 알코올중독의 유병율이
훨씬 더 높아요. 기분장애나 정신분열병은 합해서 4.0%인 반면 알

코올중독은 4.4%에 해당이 되는데 정신분열병이나 기분장애나 이런 분들은 정신보건센터, 직업재활시설, 거주재활시설 등 200개의 기관이 넘는데 알코올중독은 유병율이 더 높은데도 불구하고 치료적 개입은 전국에 한 47개의 알코올상담센터, 그리고 10개 정도 되지 않는 그것도 서울과 인천에 보통 국한되어 주거시설이나 사회복지시설이 전부입니다.

알코올중독이 어찌 보면 사회적인 구조적인 부분에서 많이 생기는데, 치료나 회복에 대한 부분은 개인으로 초점을 두다 보니 어찌 보면 스스로 알아서 해라 그런 부분이 가장 어려운 것 같아요.

중독이다 그러면 많은 사람들이 불편해 하고 만나기 싫은 사람들입니다. 뭔가 중독 상태에 있는 분들은 문제가 있고 도덕적으로 파탄된 사람들이란 개념 때문에 쉽게 손 내밀기가 어렵죠.

그분들이 다가와도 이야기할 수 있는 준비가 안 되어 있어 회복할 전반적인 사회적 시스템도 어렵고 정작 일어나려고 해도 손을 내밀어 줄 수 있는 기반이 안 되어 있기 때문에 결국 혼자 고민하다가 시도하지만 다시 재발의 반복들을 통해서 죽어가고 있는 질병이 아닌가 싶어요.

어느 날, 33살인 청년이 저희 센터에 찾아와 "나는 알코올 중독자입니다. 근데 제가 3대째입니다. 제 대에서 이 알코올 중독을 끊고 싶습니다." 이렇게 이야기를 하셨어요. 그래서 계속 상담을 해가는 와중에 발견된 부분은 그 청년의 과거였습니다.

엄마는 일을 하러 나가실때 돈을 주면 아버지가 술을 사먹기 때문에 돈을 주지 않았습니다. 그러면 아버지는 알코올중독자라 술을 먹기 위해서 방법을 고민하지만 앞집 슈퍼에서도 더 이상 술을 안 주자 한겨울에 아이를 옷을 완전히 다 벗겨서 벌거벗은 상태로 술을 사오도록 슈퍼로 보내는 거예요. 그러면 슈퍼에서는 이 아이가 불쌍하니까 술을 안 줄 수가 없죠.

그리고 아버지가 술 취해서 돌아오시면 항상 아이를 벽에 세워놓고 표창 던지는 걸 하는 거예요. 그래서 그 두려움들이 굉장히 컸고 그러면서도 엄마도 힘들어 하고 있었기 때문에 얘기하지 못하면서 가슴에 늘 묻어 두었던 거죠.

그러다가 3년 정도 단주하고 상담하면서 마지막에 울면서 이야기 했던 것 중에 하나는, 아이가 초등학교 2학년쯤 되어 더 이상 아버지 심부름을 하기 싫어 아버지가 술심부름시킬 때쯤에 집을 나와서 늦게 들어가는 거예요. 여동생이 그때 7살이었는데 여동생을 아마 시킬 거다 그렇게 생각하고 늦게 들어갔는데 아빠가 자기 여동생을 한마디로 얘기하면 성추행을 하고 있는 걸 본거죠.

그래서 그 죄책감이 '내가 아버지 술심부름을 안 하려고 한 것이 여동생을 그렇게 만들었다는 죄책감이 매우 컸던 거예요. 그러면서 본인도 고등학교 때부터 음주가 문제가 돼 중독이 된 그런 상황이 있었는데, 본인이 알코올중독이면서 또 알코올중독자인 아버지를 둬서 누구에게도 도움을 받을 수 없었던 고통스러웠던 이런 이야기를 했던 것이 많이 생각이 납니다.

또 어떤 가족은 아버지가 알코올중독이셨습니다. 택시운전을 하시던 분인데 하실 때도 있고 안 하실 때도 있었습니다. 아이는 다섯이나 되고요. 이 아버지도 어렸을 때 많이 맞았던 사람인지라 술만 마시면 엄마가 일을 나간 사이에 문을 잠가놓고 아이들을 때리는 이런 상황이 발생하여 어머니가 도움을 요청하러 오셨었죠. 그래서 이제 그분은 1년 정도 단주를 하고는 계세요.

아이들이 상처를 많이 받았습니다. 초등학교 2학년 여자아이와 7살 짜리 남자아이 이렇게 2명을 가둬놓고 폭행을 했으며 음주했을 땐 어린 딸에게 성적인 추행이나 동영상을 보여주기도 했던 아버지는 회복해 가면서 딸아이와 상담을 하고 약물치료도 하고 있는 와중이지만 부인이 겪은 고통은 한마디로 죽일 수도 없고 살릴 수도 없었다고 얘기합니다.

'남편과의 관계를 완전히 끝내는 것이 아이들을 위해서나 자신을 위해서 좋은 것인지' 하면서도 마음에 결단을 못 내리는 것 중에 하나는 아이들에게서 아버지를 뺐는 것이었습니다.

또 술을 마시지 않았을 때는 아버지가 잘못했다고 합니다. 아이들과 함께 살아가고 싶다고 희망을 이야기하면 다시 어떤 회복의 길이 있지는 않을까 하지만 이런 여러 가지 고통들로 부인도 어떤 때는 아이들이 당하는 고통을 알면서도 도움을 못주는 것과 부인 스스로도 내가 살아야 되는지 말아야 되는지 때로는 차라리 죽고 싶고 이 모든 것들을 나도 모르겠다 하고 싶은 그런 절박한 감정들이 늘 많기 때문에 일을 나가서도 24시간 이 중독자에 대한 생각이 떠나지 않는 것입니다.

사실은 창피해서 어디다 얘기하기도 어렵고 이런 일을 겪고 있다는 것을 받아들이고 인정하는 것도 어렵고 또 어떤 약이 있어서 치료가 되는 것도 아니다 보니 움츠려드는 거예요. 그러다가 이곳을 찾을 때는 죽기 전에 무슨 방법이라도 있나 하는 답답한 심정으로 이야기라도 해야겠다 생각해서 오십니다. 사실 중독이 중독자뿐만 아니라 가족 전체가 고통 속에 있게 합니다.

Q : 알코올중독은 유전적인 부분이 많다고 하던데 어떻게 말씀해 주실 수 있겠습니까?

A : 사실은 알코올중독이 많은 이론적으로도 유전이 가능하다고 하고 실제로 성장하면서 알코올중독이 가족 중 한 명이라도 있게 되면 아이들이랑 온 가족이 내면에 상처들을 입게 돼 누구로부터도 친밀감을 형성하기 어렵고, 그러다 보면 내 존재자체가 정작 부모로부터 인정을 받거나 친밀감을 수용 받을 수 없기 때문에 그 허전하고 외롭고 공허한 부분을 채워 갈 수 있는 것들이 아무것도 없게 됩니다. 무엇으로 채워 봐도 되지 않다 보니 결국 중독으로 손을 뻗기가 쉽게 되는 거죠.

사실은 그래서 기질적으로 중독적 기질이 있고 유전적인 성향이 강력하게 있습니다. 거기에다 환경적으로도 중독자가 가족 안에 있는 경우에는 애들이 받아야 할 관심이나 애정을 받지 못하다 보니 그 공허함이나 외로움들이 중독으로 가게 되는 경우가 더 많이 발생하게 되는 거죠.

Q : 남편이 알코올중독자인데 아내가 알코올중독이 되거나 온 식구가 그렇
게 된 케이스가 있나요?

A : 저희 센터에 알코올중독이시고 아내와 아이가 다섯인 사람이 있었
습니다. 지금은 남편은 중독으로 돌아가셨고 아내가 알코올 중독입
니다. 한 방에 이렇게 아들들이랑 다섯이 살았는데, 큰아들은 19살
때 자살을 하고, 둘째 아들은 알코올중독에서 회복이 안 되어 거의
길거리에서 노숙하다시피 하고 셋째가 알코올중독이고, 넷째가 저
희 센터에 지금 오셔서 단주를 2년 가까이 하고 계십니다.

그러니까 아버지, 어머니 모두 알코올중독이시고 그렇게 아들 셋이
알코올중독에 형은 자살한 상태에요. 위로 누나 하나에 여동생 하
나가 있는데 누나도 결혼한 분이 알코올중독이라 이혼을 하셨고,
여동생도 결혼을 했는데 알코올중독에 도박중독 그래서 지금 함께
살고 있으면서 상담을 의뢰해 이제 시작하려고 하는 상황이에요.
이렇게 온 가족이 중독이 된 상황이죠.

Q : 우리나라 속성이 감추는 속성이고 만성이 될 때까지 얘기를 안 하잖아
요? 이럴 때 참고할만한 위험한 기준이나 참고할만한 증상들이 있을까
요?

A : 사실 우리나라에서 알코올중독이란 걸 굉장히 인정하고 싶어 하지
않고 또 우리 문화에서는 누군가가 문제가 있어도 당신 문제가 있
다고 이야기하면 실례가 되거나 그 사람이 싫어할까 봐 끝까지 묵
혀두는데 오히려 알코올중독자분들에게는 알려주는 것이 당장은

아니어도 후에는 자신을 돌아보게 되는 계기가 되기 때문에 결국 도움이 됩니다. 교회에서나 친구나 가족들이 이런 경우에는 알코올 중독이 아닐까하고 고민해볼 부분들은 일단은 술을 드시고 필름이 끊기는지 살펴 봐야 합니다.

어제 무슨 일이 있었었는지 전혀 기억을 못하면 가족들이나 주변사 람들이 어제 무슨 일이 있었는지를 정확히 알려주는 게 많은 도움 이 됩니다.

또 술을 먹고 직장을 나가기가 어렵다거나 음주운전을 한다거나 성 격적인 변화를 일으켜 폭력을 행사한다거나 욕을 한다거나 이런 문 제들이 있으면 단지 '성격이 저렇지, 술버릇이 저렇지' 라고 생각하 기보다는 혹시 알코올중독의 문제가 아닌가 이렇게 생각해보실 필 요가 있을 것 같습니다.

특히나 위험하신 분들은 술을 늘 드시는 분들도 있지만 한 번 드실 때 굉장히 많은 양을 드시는 경우가 있어요. 스스로 조절이 어렵다 고 판단되시는 경우가 있는데 그런 경우에도 알코올중독으로 위험 하다 라고 판단할 수가 있습니다.

식사를 안 하시고 술을 드신다거나 술을 드시고 머리가 아파서 해 장술을 하신다고 하면 그건 이미 알코올중독의 중기가 넘어가신 상 태이기 때문에 바로 이야기를 하고 개입을 하는 게 도움이 될 것 같 습니다.

Q : 여성중독자들 추세와 그들이 중독되는 요인이 있다면요?

A : 알코올중독 여성이 사실 무척 어렵습니다. 알코올중독의 여성이면 똑같은 중독자임에도 AA모임을 가거나 센터를 가거나 그랬을 때 알코올중독자인 여성에게 부여되는 낙인이나 이런 것이 훨씬 심해요. 왜냐면 술 문제가 있는 분들은 성적인 문제를 일으키는 분들이 많기 때문에 스스로 노출되는 것에 대해서 대단히 꺼려하고 어려워합니다.

또 남성분들은 술을 먹고 사회문제를 일으킨다고 하면 여성분들은 집에서 아이들을 다 보내놓고 음주를 하기 때문에 정말 문제가 발생될 때는 말기 상태에서 더군다나 남자 분들이 구타를 한다든가 뭔가 힘으로 조절해보려고 하려하기 때문에 일단 노출이 안돼요.

여성중독자분들은 센터에도 한두 분이에요. 열한 분 정도 등록되어 있는데 센터를 와서 계속적으로 프로그램에 참여하는 분들은 굉장히 적습니다.

그리고 남성분들하고는 조금 다르게 여성분들은 기분장애를 같이 동반하는 경우가 상당히 많은 것 같아요. 우울이 먼저 동반되면서 우울감을 해결할 길이 없어 술로 가게 되는 경우가 더 많이 있죠. 남성분들은 직장생활을 하거나 여러 가지 요인들로 인해서 음주를 하게 되지만, 여성분들은 훨씬 더 내면의 우울감이나 어떤 심리적인 문제로 술을 접하다 보니까 혼자 음주하게 되어 숨겨져 있는 중독자 여성분들이 매우 많습니다.

그래서 치료를 위해 밖으로 나오기 어렵기 때문에 여성분들이 오히려 치료가 더 어렵지 않나 생각이 듭니다.

Q : 여성들이 중독이 되는 요인 중에 공통된 분모들이 있습니까?

A : 우선은 가정의 어려움들이 많이 있을 때 중독이 되는 경우가 많은 것 같아요. 남편이나 가정에 갈등이 많이 있을 때, 외로움이나 고통을 채우기가 어려울 때, 남성보다 훨씬 더 여성분이 우울증을 앓고 있거나 우울감이 많으실 때 이런 것들이 더 심합니다.

또 이런 내면의 문제들로 인해서 외부사람들과의 관계가 많이 단절되어 있을 때 여성분들에게서 중독이 더 많이 보이는 게 아닌가 생각이 듭니다.

Q : 요즘 직장여성들이 많이 늘어났는데 그런 것도 요인에 들어갈 수 있나요?

A : 요인에 들어가기는 조금 한계가 있습니다. 왜냐하면 저희 기관이 있는 곳이 대전지역에서 가장 열악한 지역이에요. 사실 그 정도 되는 수준이시면 저희 쪽은 잘 이용을 안 하시고 저희 같은 경우는 음주문제 뿐만 아니라 가정 내 경제적인 상황과 여러 가지들이 취약한 상황들에 있는 여성분들이 알코올에 중독되는 성향이 더욱 많습니다.

Q : 청소년 문제는 좀 어떻습니까?

A : 청소년들도 사회적 구조가 입시, 경쟁, 성공 이런 식으로 획일화된 삶의 지표를 갖게 되므로 거기서 누락된 아이들을 위해 예방교육을 해보면 성인과 똑같아요. 기뻐서 음주를 하고, 힘들어서 음주를 하

고, 친구들과 친해지기 위해서 음주를 하고. 해방구가 없으니까 가장 간편하게 할 수 있는 것이 음주인 것이죠.

고등학생 대상으로 검사를 해봤을 때도 알코올중독의 수준으로 이미 손 떨림이 있다거나 금단증상을 경험하는 학생들도 굉장히 많았어요. 알코올중독으로 청소년들이 빠르게 유입되고 있습니다.

가족 내에서도 어떤 애정이나 그런 다른 것들을 받기 어려운 상황이다 보니까 알코올중독으로 빠르게 유입되고 있다 보고 있습니다.

그때 당시만 해도 저희가 중고등학생이 타깃이었는데요, 지금은 초등학생을 타깃에 둡니다.

왜냐하면 저희가 중고등학생한테 갔을 때, 이미 중독 수준으로 금단증상을 경험하고 있는 아이들을 만나기 때문에 이제는 초등학생, 유치원생 때부터 미리 예방훈련이 되어져야 합니다.

Q : 초등학생들도 마시나요?

A : 경험적으로 거의 한 30~40%가 음주경험이 있는데, 가족들에 의해서 마시는 경우가 많습니다. 우리 문화에서는 제사에서 음복을 하며 그 음복을 굉장히 기뻐합니다.

30대 초반인 부부가 상담을 하는데 아이들이 지금 다섯 살, 일곱 살이에요.

부부가 일요일 같을 때 두 시쯤 밥 먹으러 가면 일곱 살 된 아이가 제일 먼저 하는 일은 냉장고에서 술을 꺼내 엄마 아빠 앞에 딱 놔드리는 거예요. 그럼 엄마 아빠는 우리 아들이 엄마 아빠가 좋아하는 것을 챙겨준다고 기특하다고 자녀에게 음복하게 합니다. 더 놀라운 건 초등학교 4학년짜리 조카가 있어서 운동회에 가봤더니 밤에 학교에서 이벤트회사를 불러 부모하고 같이 술을 하더라고요.

그런데 저만 놀라는 거예요. 자모회에서 부모들이 자식 키우는데 힘드니까 서로 위로도 하고 기금도 마련할 겸 주점이 열린 겁니다. 그래서 아이들이랑 부모들이랑 같이 게임하는 일도 있고, 부모들은 거기에서 동동주에 파전을 먹는 게 우리 문화에서는 별반 이상하지 않은 거예요. 우리 문화에서 음주라는 것이 친해지기 위해서 꼭 필요한 것, 또 같이 우정을 나누고 사랑을 나누기 위하거나, 우리 집안의 문화인 것으로 정보가 계속 제공되기 때문에 아이들에게 폐해를 가르치지 않는 것입니다.

그러다 어느 날 길거리에 술 먹고 누워있는 사람들을 본다거나 술을 먹고 폭력이 행사된다거나 하면 그건 그 사람의 문제인 것입니다. 이런 문화이다 보니 청소년들로부터 시작해서 모든 직장인들까지 다 파 들어가고 있는 거죠.

문제가 발생되면 개인의 문제이니까 네가 알아서 하고, 그걸 못하는 건 너의 문제이고. 이런 사회의 이중 잣대로 인해서 알코올중독은 점점 더 수면으로 올라오기보다는 감추어져 내 스스로도 그렇고 내 가족에 중독이 있다고 하는 것은 치욕이 됩니다. 이중 잣대로 인해 더 힘들게 됩니다.

Q : 결국은 우리나라 문화적인 차이점이네요?

A : 네, 전 강력하다고 봐요. 술 먹는 것을 이해해 줘야 하잖아요. '술 먹고 기억이 안 나서 그렇지' 하고 이해해주는 거잖아요. 그 사람의 가족도 그렇고, 직장상사도 그렇고 술 먹고 늦게 온다던가, 어떤 행동을 한 것을 그냥 감춰준다던가, 그럴 수도 있지 뭐 한다는 거 자체가 그 사람을 망쳐지게 하는 일이 되는 것입니다.

Q : 크리스천의 음주는 어떻습니까?

A : 교회에서 실제로 알코올중독이신 분들이 많습니다. 예배가 끝나면 가서서 술 드시는 분들도 많고 또 목사님들께서도 이 중독이신 분들을 어떻게 해야 할지 모르십니다.

다른 질환과는 다르게 알코올중독은 끝없이 우리를 낙담시키고. 전문가로써 한계를 계속해서 인정하게 합니다.

그러니까 사실은 저도 마찬가지였지만 알코올중독을 계속 교회공동체 식구들이 이렇게도 해보고 저렇게도 해보고 잘 안될 때, 또 어떤 경우에는 잘 안 될 거라고 생각이 들어 한두 번 해보고 안 되면 포기해 버리는 거죠. 어찌 보면 감당하기가 어려운 거죠.

왜냐하면 술 먹고 와서 교회에 행패부리기도 하고 또 와이프를 끌고 가기도 하고, 교회입장에서도 이 알코올 중독자분들을 어떻게 감당해야 할지 몰라 그냥 안 봤으면 좋겠다 하는 거죠.

심지어는 부인이 교회를 다니셨다가 지금은 안 다니시는 분이 계세요. 그 이유 중에 하나는 남편분이 계속 교회를 쫓아와 교회에 피해를 주어 교회식구들도 그것을 감당하기가 어렵게 된 것입니다. 그러니까 어떤 접근 자체를 못 하시는 거예요. 어떻게 해야 할지도 모르시는거죠.

교회에 와서 좀 편하게 함께 공동체 생활을 할 수 있는 사람들만 있었으면 좋겠는데 자꾸 시험 들게 하고 나 자신이 가지고 있는 한계를 계속 보게 하는 분들이 사실 알코올중독자들입니다.

그래서 어찌 보면 교회에서 중독이 있음에도 불구하고 상처받은 중독자분들을 어떻게 회복시키고 전문적으로 치유할지 잘 모르시기 때문에 어려워하시는 게 아닌가 싶고 전문적인 걸 해줄 수 있는 사역자나 그런 시스템이 구축되어 있지 못해 그냥 개개인이 돕다가 포기하게 되는 경우가 많습니다.

그래도 제가 전문가로서 애정을 갖고 2006년에 왔지만 처음엔 끊임없는 좌절이었죠. 단주하다 6개월 하면 재발하고, 온 신경을 써서 1년을 지탱하다 재발하고. 이런 끝없는 재발들을 통해서 제 마음속에서 '아 진짜 안 되는 구나. 내가 할 수 있는 것이 아니구나. 그런 것을 내가 하려고 했구나. 그만할까?' 이런 생각이 들었어요.

이 일은 하나님이 하시는 것이라는 생각이 들자 만나게 해주신 분들을 만나고, 내가 해야 될 일들을 하고, 또 연결시켜줄 사람들을 연결해주고 이러면서 가야 하는 어찌 보면 내가 할 수 없는 거라는 것을 고백하게 되면서 할 일들이 많아진 일이 아닌가 싶어요.

중독은 중독으로 가면서 내가 내 자신을 받아들일 수도 없고 가족을 받아들일 수도 없는 누구와의 관계든 다 단절되어져 가는 관계거든요. 그러면서 끝없이 외롭고요. 그것을 채울 수 있는 건 정말 하나님이고, 그것으로부터 회복될 수 있는 건 이런 공동체의 사랑인 게 아닌가 싶어서 어찌 보면 이것을 마지막으로 할 수 있는 게 교회가 아닌가 싶어요.

그런데 개인적인 소견으로는 교회 공동체들이 일에 바빠서 그리고 중독자 한 사람을 회복시키는 데 많은 기도와 많은 좌절이 생김으로 벽이 더 높아진다고 봅니다.

Q : 교회가 마땅히 해야 할 일인데 모순이네요. 교회에 조언하신다면요?

A : 교회 청소년들 그룹에서 저희가 교육을 하면서 단순히 중독만 가지고 이야기하는 게 아니라 예를 들면 건강한 가정생활이라든지 자녀 양육을 하기 위한 부모교육도 함께합니다.

거기에 어차피 중독은 특히나 알코올중독은 우리 누구에게나 다 연관되어 있어요. 심지어 제가 술을 안 마셔도 알코올중독자에게 맞은 적도 있단 말이죠.

그렇기 때문에 우리 문화에서는 술과 다 연관이 되어 있고 중독이 근본적인 문제에 영향을 미쳐요. 자녀에 대한 문제, 부모에 대한 문제, 경제적인 문제, 교회생활에 대한 문제 등등 다 영향을 미치기 때문에 '알코올중독 안전하십니까' 이런 제목으로 교육합니다.

저희 센터에 27살 때 의뢰된 남자아이가 있었어요. 그 남자아이는 여러 가지 다중 중독이었어요. 본드, 가스, 약물, 게임중독, 알코올 중독까지 그렇게 해서 27살 때 저희 센터에 의뢰되어 왔었는데 아버지는 3살 때 돌아가셔서 얼굴도 모르고 엄마는 아버지랑 정식 결혼한 사람이 아니었고 또 우울증이 심하셔서 하나 있는 어린 아들을 놓아두고 자주 집을 나가 남자를 만나러 다녀 거의 방치된 상황이었어요. 이 친구가 저희 센터에 의뢰되게 된 건 어느 목사님 때문이었습니다.

"난 이 세상 사람들을 아무도 믿지 않는다."라고 이 친구는 말합니다. 왜냐면 그렇게 거의 방치된 상태로 살며 동네 고등학생 형들이 이 아이를 데리고 앵벌이 같은 것을 시키기도 하고, 예쁘장하게 생기다 보니까 심지어 15살 때 남자아이들에게 집단 성폭행을 당한 겁니다.

그래서 이 아이의 유일한 목적은 자기를 고통 줬던 아이들을 칼로 찌르고 죽는 게 삶의 목표였던 것입니다. 그러다 어느 목사님을 우연히 만났고 그 목사님은 아주 작은 교회이다 보니까 아무것도 묻지 않고 그냥 데리고 다니신 거예요.

그러다가 이런 중독의 문제가 계속 생기니까 센터에 인계를 하신 거죠. 그래서 지금까지 이렇게 왔고, 어찌 보면 그 목사님을 통해서 조금 사람을 믿어볼까 하는 생각이 들었다고 합니다.

저랑 상담 5년하고 나니까 사시미칼을 저한테 내놓더라고요. 목사님도 이 친구한테 맞았었데요. 왜냐하면 목사님이 반갑다고, "어 우리 xx"하고 끌어안았어요. 성폭행 당한 적이 있는 아이는 자기도 모르게 주먹이 날아간 거죠. 얼마나 당황스러우셨겠어요.

그런데 그냥 뭘 더해주거나 그런 것보다는 어디 갈래? 물어봐서 같이 가주고, 그냥 그렇게 아버지가 없었기 때문에 많이 도움이 되었던 것 같아요. 그러니까 5년 상담하고 나서는 식칼을 내놓으며 "이 제는 선생님이 이 식칼을 맡아주세요. 지금까지 상담은 했지만 전 악마예요" 이렇게 얘기한 겁니다.

"언젠가 누군가를 죽이고 나도 죽으려고 끊임없이 죽일 사람을 찾아다녔던 나는 사실은 악마예요." 하면서 식칼을 내밀면서 울더라고요. "네가 그 칼을 들고 다닌 건 이 세상에 아무도 의지할 사람이 없으니까 그거라도 의지하고 너를 보호하려고 했던 게 아니겠냐." 고 위로했습니다.

지금은 신앙생활을 하고 있지만 신앙생활 처음 시작할 때는 "신이 있다면 내 인생을 왜 이렇게 만들었냐? 신은 없다." 이렇게 말하더라고요. 그래 그럼 그것도 신에게 따져봐라 이렇게 얘기를 했어요.

그랬더니 이 친구가 길가다가 교회에 들어가서 진짜 십자가 앞에 삿대질을 하면서 하나님 당신이 그럴 수 있냐고 하면서 막 욕을 한 거예요. 발버둥을 치면서 어떻게 내게 이렇게 고통을 줄 수 있냐고 막 욕을 하니까 목사님이 쫓아 나오셔서 왜 그러느냐고 하더랍니다. 짧은 시간이였지만 이야기를 했더니 목사님이 여기는 시끄러울 수 있으니까 2층에 올라가서 정말 욕도 하고 하나님한테 하고 싶은 것 다 하라 하셨던 거예요.

그래서 그 친구가 그 교회를 다니게 됐어요. 그 친구가 그 교회를 다니다가 저한테 와서 얘기하더라고요. "하나님한테 욕하지 말라 그랬는데 내가 이렇게 욕했어요." 그래서 제가 얘기했지요. "태어나서 아버지란 존재만 알고 있다가 거의 20년 만에 아버지라고 나타난 사람을 보면 눈물 뿌리면서 고맙다고 할 수 있겠니. 나 같아도 욕하겠다. 당신이 어디에 있었기에 나 얼마나 외로웠는지 아냐고. 잘했다."라고 했습니다.

지금은 하나님이 내 안에 계시기 때문에 가끔은 그 하나님을 잊어버릴 때도 있고 혼란스러울 때도 있지만 외롭지 않다고 얘기를 할 정도가 되었습니다.

Q : 중독자에게 어떤 말씀을 해주시겠습니까?

A : 너무 힘드셨죠? 어디에서 위로받을 수도 없고, 또 내 스스로도 내 자신이 너무 고통스럽고, 그동안에 아무에게도 말하지 않았지만 술을 먹고 나 자신에게, 가족들에게, 내 삶에 했던 것들이 너무 고통스러우셔서 숨쉬기도 힘들고 맨 정신으로 해를 보기도 어렵고 그러셨을 겁니다.

그래도 이렇게 살아 있어 줘서 너무 고맙고 너무 혼자 힘들어하지 않았으면 좋겠어요. 사실 용기 내서 '나 이런 것 때문에 힘들어요.'라고 말하기 어려우실 건데 그래도 조금만 용기를 내서 누군가에게, 그래도 내 마음을 알아줄 수 있는 사람에게 그냥 '나 힘들어요.'라고 얘기할 수 있었으면 좋겠어요. 견뎌줘서 고마워요. 이렇게 말하고 싶어요.

Q : 중독자의 가족에게는 어떤 말씀을 하실 수 있을까요?

A : 얼마나 답답하고 얼마나 힘드시고 어떻게 할 수도 없고, 너무 지치

셨죠? 혼자 어떻게든 해보려고 안 해본 방법 없이 다 해보셨잖아요. 욕도 해보셨고 빌어도 보고… 내가 잘하면 좀 도움 되려나 하고 해보지만 다 안됐잖아요.

오히려 욕만 먹고 비난만 받고 다 네 책임이라는 얘기만 듣고 그래서 혹시 내 책임은 아닌가, 나 때문에 중독된 것은 아닌가 그런 생각이 드셨을 것 같아요.

물론 본인책임도 아니고 그래도 이렇게 버텨주셨잖아요. 혼자 버티면 힘드시니까 가족들에게 '나도 너무 힘들다'고 이야기하시면서 같이 해나가시면 좋을 것 같아요. 견디시면 회복의 길이 오는데 혼자 견디거나 중독자만을 위한다고 계속 따라다니기보다는 이제부터는 진짜 중독자를 위한 삶은 내 힘으로 안 된다는 것을 고백하고 내 삶을 내 자신을 회복하려고 누군가에게 도움을 요청하고 이야기도 나누고 하실 때 시작할 수 있는 것 같아요.

그러니까 힘내시고 같이 해나가실 수 있으면 좋을 것 같아요. 너무 혼자서 뭘 해보시려고 하지 마셔도 될 것 같습니다.

■ 황의석 (대전 정림 종합사회복지관)

Q : 지금 현재 남성중독도 문제가 되고 있지만 여성중독도 증가하는 추세라고 들었습니다. 현재상황이 어떻습니까?

A : 여성분들은 술을 드시면 남성에 비해서 2배 정도의 안 좋은 효과가

있습니다. 몸에 피해가 오는데 여성의 음주율이 급속도로 늘고 있어요. 전에는 여성은 술 마시면 안 된다, 담배피면 안 된다, 이런 도덕적인 지침도 있었고 사회적인 분위기도 있었는데 지금 대학생을 보면 아시겠지만 술 마시고 이런 것에 여성 남성 가리지는 않는 것 같습니다.

그렇게 동일하게 음주가 같이 진행이 된다면 똑같은 한 병을 마셔도 남성은 소주 1병을 마신 거지만 여성은 2병 마신 것과 같은 실질적인 폐해가 있습니다. 중독관련 부분도 남성보다도 여성이 훨씬 더 빠르게 중독이 될 수 있고 또 회복도 남성에 비해 훨씬 더 어렵습니다.

Q : 이렇게 여성들이 증가하는 요인들이 조사된 것이 있습니까?

A : 흔하게 이야기 하기는 여성의 사회진출이 많아졌다고 하는 것과 여성의 권리나 인권이라든지 이런 게 올라가면서 술 마시는 것이 남성과 동일하게 되고 있는 것 같습니다.

Q : 중독자가 있으면 가정이 유지되지 못하는 비율이 상당히 높죠?

A : 대부분이 가정이 파괴된 상태에서 만나게 되는 경우가 많고요. 가정이 그대로 유지되어 있다고 하면 술 마시는 모습들을 가족이 다 숨겨줍니다.

직장을 술 때문에 못 나가면 아내가 직장에 전화해 남편이 갑자기 아파서 못나간다고 거짓말을 해주고 아들이 술을 먹거나 딸이 술을 먹고 실수를 해도 그걸 부모로써 절대 주변 사람한테 얘기하지 않습니다.

그렇게 숨겨주다 보니까 실제로 가정이 깨지기 전까지는 그 사람의 술문제가 주변에 나타나지 않고 치료시기도 많이 늦춰지게 되고 그렇습니다.

Q : 가슴 아픈 사연도 꽤 있을 것 같은데요?

A : 처음에 일을 시작한 것은 98년도에 일을 시작했습니다. 그때, IMF가 터져 노숙자들이 굉장히 많이 거리에 나와 있는 상태였고 일을 시작을 하면서 노숙자분들과 연을 가지고 계속 일을 하게 됐는데 한 60% 정도가 술중독이셨습니다.

그분들과 같이 먹고 자면서 계속 생활을 했었는데 노숙자라고 해서 전혀 의지가 없거나 박약하지는 않습니다. 자기들도 뭔가 열심히 살아보려고 하는 노력들을 하지만 한 번 떨어진 삶에서 다시 올라가기란 보통 어려운 일이 아닙니다.

어떤 알코올중독이 있는 노숙자분께서는 그 힘든 와중에서도 일 년간 열심히 일하시고 또 일 년간 술도 끊어 직장도 갖게 되었고 또 쉼터에서 여러 가지 배우시면서 인격이라든지 여러 모로 많이 성장한 케이스가 있었어요. '이제는 다른 사람이 됐어요!' 라는 것을 가족에게 보여주고 싶은 마음으로 어머니께 전화를 걸었었습니다.

어머니가 목소리 듣자마자 "나는 아들이 없다, 나는 너 같은 자식 둔 적 없다" 하고 끊으셨습니다. 단지 그게 한 오 초~십 초 만에 일어난 일인데 그 얘기를 듣자마자 바로 나가서 술을 드신 거예요.

일 년 동안 그렇게 많은 노력들을 하고 정말 모범적으로 생활했던 분이 가족에게 한 번 불신을 당하고 못 믿음을 당했을 때 받는 충격은 그만큼 더 큰 것 같아요. 그렇게 본인이 노력했지만 단 오 초, 십 초 만에 무너지는 모습을 보면서 너무너무 마음이 아팠던 경우가 있습니다.

Q : 크리스천 중에서도 알코올중독자가 상당수 있나보죠?

A : 그렇죠. 실제로 중독자 분들을 설문조사 해보면 기독교인이 굉장히 많습니다. 물론 기독교인 중에서 중독자가 많은 건지. 아니면 중독이 된 이후에 교회를 다니시게 된 건지 그건 알 수 없지만 현재 중독이신 분들 조사를 해보면 종교 중에 기독교가 제일 많은 것으로 나타나고 있습니다.

Q : 중독자들에게 하시고 싶은 말씀이나 또 중독자를 둔 가정에 하시고 싶은 말씀이 있다면 무엇을 말씀해 주시겠습니까?

A : 사실 모든 변화가 이루어지기 위해서는 인식이 먼저 되어야 합니다. '아 이게 문제구나, 이게 좀 변화가 필요하구나.' 라고 하는 인식이 되어야 그다음에 변화를 하던 변화를 하지 않던 선택이 이루어지는 건데 인식자체가 사실은 안 됩니다.

중독자체가 술을 마시면 뇌가 망가지는 병이고요, 뇌가 망가지면 올바른 판단을 할 수 없는 병에 걸리셨다 이렇게 볼 수가 있습니다.

주변에서 하는 이야기가 정답이라고 생각하시면 됩니다.

내가 아무리 중독자가 아니라고 이야기를 하고 내가 아무리 술을 먹으면서 주변에 피해를 주지 않았다고 하더라도 주변에서 걱정된 다고 하고 주변에서 술 마시는 것 때문에 많이 힘들다고 이야기를 하면 나 때문에 힘들구나 하는 것과 술이 문제라는 것을 받아들여 주셨으면 하는 마음입니다.

중독이라는 병에서 벗어나기 위해서는 숨기지 않으면 됩니다. 그렇기 때문에 쉽지 않을 때는 분명히 도움이 필요한 거고요. 주변 내에 도움을 요청하셨으면 좋겠습니다.

주변에 교회가 있을 수 있고, 알코올상담센터가 있을 수 있고, 또 주변에 회복되신 분이 있을 수 있고요. 주변에 모임이나 또 여러 가지 정보를 가지고 계신 분들이 계실 수 있으니까 그분들께 꼭 도움을 요청하실 수 있었으면 좋겠습니다.

그리고 가족분에게 말씀을 드린다면 사실은 가장 큰 고통을 당하는 것은 아마도 가족일 겁니다. 술을 드시는 분은 나중에 술에서 깨서는 힘들지 모르지만 술을 드실 때만큼은 정말 행복해합니다.

그런데 그 모습을 옆에서 지켜봐야 하는 가족은 마음이나 몸이나 또는 사회적 관계나 경제적으로나 모든 게 다 극한 조건 속에서 살아야만 하는 것입니다. 그 마음을 이해할 수 있는 사람은 별로 많지 않습니다. 그래서 가족분들도 도움을 받으셨으면 좋겠습니다.

그리고 제가 노숙자 쉼터에서 일할 때 들었던 마음은 쉼터는 많은 사람들이 사회 나락으로 떨어지고 난 뒤에 다시 살아보겠다고 발버

둥을 치는 곳이었습니다. 그렇지만 이미 술중독이거나 관계의 단절이거나 이런 여러 가지 때문에 다시 살아남기가 쉽지 않은 과정을 옆에서 지켜봤습니다.

그분들을 돕기 위해서 냄새나는 데서 같이 먹고 자고 또는 제 속옷을 주면서까지 함께하며 마음을 나눴던 분들이 술 드시고 오셔서는 괜히 폭력적으로 변해 죽이겠다고 하기도 하고, 또 어떤 분은 사이다병에 휘발유를 넣고 다니면서 태워죽이겠다고 협박을 하는 경우도 받게 됩니다. 그런 말들을 들었을 때 마음에 고통이 굉장히 심했습니다.

'어떻게 해야 하나, 내가 이렇게 많은 사랑을 줬는데 왜 저 사람들은 변하지 않나' 굉장히 힘든 가운데 기도하다 보면 '아 사람의 변화는 사람이 시킬 수 있는 것은 아니구나, 사람의 변화를 사람이 시키겠다고 하는 것 자체가 교만이구나.' 하는 것을 깨닫게 됩니다.

제가 나서서 대리인으로 열심히 일은 하겠지만 그분이 변화되는 때와 그분의 변화되는 계획은 나한테 있지 않고 하나님에게 있다 하는 마음을 갖게 되면서 많은 속상함, 억울함, 우울함 등이 해소됐던 경험이 있습니다.

오랫동안 중독현장에서 일할 수 있던 이유도 이런 마음이 있었기 때문에 재발을 하셔도 '그분의 또 다른 계획이 있겠구나' 생각하지요. 회복을 하시면 '하나님께서 이분을 인도하셨구나' 라는 생각을 합니다. 재발하는 것 때문에 마음이 흔들리지 않으니까 오랜 시간 동안을 중독자와 함께할 수 있었습니다.

현장에서 일하고자 하는 많은 전문가분들이나 또는 사역하시는 분들께서는 그런 마음들을 잘 가지시고 함께하시면 좀 더 오랫동안 그분들과 동행하실 수 있지 않을까 생각합니다.

■ 박종연 박사 (한국상담개발원)

Q : 음란중독에 대해 말씀해 주십시오.

A : 우선은 청소년 사이에서 가장 크게 문제가 되고 있는 것은 음란물중독이라고 할 수 있습니다. 많은 상담을 하고 강의를 하는 부분에서 게임 못지않게 문제가 되는 것은 음란물중독이라고 이야기를 합니다. 인터넷상이라고 하는 매체가 무차별적으로 전 세계에서 다양한 정보들을 수집할 수 있다 보니까 지금 현재 음란물중독의 문제는 초등학교 3학년, 4학년에서부터 시작이라고 볼 수 있습니다.

그 아이들이 쉽게 음란물에 빠지게 되고 부모들이 음란물을 차단하는 많은 서비스들을 해놓고 어플리케이션이나 프로그램들을 깔아놓아도 이미 초등학교 4학년 정도만 되면 차단서비스를 벗어날 수 있는 사이트들을 100개를 넘게 아이들이 알고 있고 그러한 자료들을 본인들이 서로 채팅과 SNS를 통해서 주고받고 있는 현실입니다.

현재 초등학교 아이들 사이에서 크게 문제가 되고 있는 게임은 본인의 신체부위를 찍어서 자기 친구들에게 보내주는 것들에 문제가 발생하고 있다는 것입니다.

즉, 본인의 중요한 신체부위를 촬영해서 친구들에게 보내주고 그것들을 같이 나누어보는 문제들이 발생하고 있습니다.

실제 이미 음란물을 초등학교 때 다 졸업을 한다고 이야기합니다. 음란물들을 이미 다 보았기 때문에 더 이상 중, 고등학교 때 음란물을 보는 것 자체가 곧 친구들 사이에서 왕따를 당하는 일이며 중학교, 고등학교 학생들은 음란물을 보는 것이 아니라 음란물에서 본 행위자체를 쫓아하게 되는 소위 말하는 실제 성행위까지 이어지는 문제들이 많이 발생하고 있습니다.

또한 여성가족부에서 나타난 통계에서 보듯이 이미 우리나라의 성범죄자 수가 20대 이하로 전체 범죄자 수의 50%에 달한다고 이야기합니다.

그 이야기는 이미 십대 성범죄자의 수가 급격히 증가했다는 이야기며 그 원인에는 아이들이 어린 시절부터 컴퓨터와 스마트폰의 사용이 익숙해지기 시작하면서 음란물 영상에서 일어나고 있던 행위들을 실제 본인이 통제하지 못하고 그것들은 실현하는 가운데 성범죄로 연결되는 경우가 상당히 많다는 것들을 의미하는 것입니다.

Q : 얼마 전에 이런 기사를 봤습니다. 초등학생 음란문제가 소비자단계를 넘어서 생산, 유통자 단계까지 왔다고 하는데 정확히 초등학생 음란문제가 어느 정도까지 왔습니까?

A : 기성세대들이 음란물을 처음 접한 시기는 빠르면 중학교, 늦으면 고등학교, 대학교 때로 기억할 것입니다. 현재는 이미 초등학교를

졸업할 때쯤 되면, 모든 음란물들을 한 번씩 봤다라고 보는 게 맞고요. 그리고 그것들을 적극적으로 찾아서 다 섭렵했다라고 하는 것이 가장 정확할 것 같습니다.

부모들이 아이들에게 컴퓨터나 스마트폰으로 음란물을 보지 못하게 여러 가지 차단서비스라든지 이런 것들을 심어놓지만 그것들을 넘어선 것들을 아이들은 이미 찾아서 다 봤기 때문에 지금 현재 초등학교의 음란물 정도를 본다고 하면, 우리가 생각하는 고등학생들 이상의 음란물 사용이 이루어지고 있다고 보시는 게 맞습니다.

중고등학생이 됐을 때 음란물을 보게 된 학생들 중 상담하러 온 아이들의 말을 들어보면 "초등학생도 아니고 아직도 음란물을 보고 있냐?", "음란물은 이미 초등학교 때 졸업하고 이제 중학생이 됐으면 실질적으로 행위를 해야지 아직도 영상을 보느냐." 라고 이야기할 정도로 음란물에 대한 것들은 이미 초등학교 때 모든 아이들이 다 한두 번 이상씩, 그리고 깊이 빠져 있는 아이들이 만들어질 정도로 연령이 초등학생으로 많이 떨어져 있습니다.

Q : 우리나라가 과거에는 알코올중독자가 가장 많았다는 이야기가 있긴 한데 요즘은 여성중독자들도 상당히 많이 늘어났다고 말씀하셨던 게 기억이 됩니다. 현재 알코올 중독에 대한 우리나라의 현황이 어떻습니까?

A : 우리나라 같은 경우는 현재 남성 알코올 중독자의 수는 '거의 올라갈 수 없을 만큼 수가 다 찼다' 라고 보고 이제 문제가 되는 것은 결국은 여성 알코올 중독자의 증가입니다.

IMF 이후에 우리나라 여성의 사회진출이 급격히 증가되면서 주류업체에서는 더 이상 남성만이 아닌 새로운 여성 음주자들을 대상으로 새로운 상품들이 많이 출시되고 그 시기에 맞추어서 주류업체라든지 유흥업소에서 여성들을 대상으로 한 여러 가지 칵테일 소주들이 물밀듯이 몇 년 사이에 많이 나왔습니다.

그리고 그런 여성들이 남성들에 비해서 쉽게 돈을 쓰고 술을 마시는 부분들에 있어서 훨씬 더 허영적인 부분들이 많이 나타나면서 실제 여성음주자의 비율이 상당히 많이 높아지기 시작했습니다.

여성음주자의 수가 예전에는 자녀들이 어느 정도 성장하고 남편도 자신의 일을 하면서 여성들이 외로움과 고독에 대한 문제로써 사십대 오십대에 여성음주가 시작이 되었다고 한다면, 현재의 여성 음주는 이십대 초반에서 삼십대 사이에 여성음주중독자의 비율이 상당히 높으며 이들이 가지고 있는 특징들은 직장생활을 하는 가운데서 직장생활에서 오는 스트레스를 성인남성들과 똑같이 푸는 도구로써의 알코올사용이 상당히 증가했고 그것들이 현재 통제를 넘어선 수준까지 커지고 있는 추세입니다.

Q : 초등학생들도 술을 먹는다는 이야기를 들었습니다. 초등학교 알코올 문제는 어떻습니까?

A : 예전에는 단순히 호기심으로 술을 마시는 정도였다면 현재 아이들은 적극적으로 술을 찾아 마시는 단계로 넘어섰다고 보시면 됩니다. 이미 초등학생들 사이에서 담배를 피우는 것은 더 이상 낯선 풍

경이 되지 않았고요.

아이들의 연령이 점차 낮아진다는 것은 곧 현재 성인들이 중학교시절에 일어났었던 음주나 흡연의 문제가 초등학생으로까지 내려갔다고 보는 것이 정확할 것입니다. 그래서 지금 초등학교 고학년 아이들만 되더라도 실제로 흡연을 하는 부분과 술을 먹는 것들이 그들 안에선 아주 자연스럽게 이루어지고 있는 현상이 되어 버렸습니다.

Q : 아이들의 발달의 중요한 시기를 알코올이나 음란중독으로 인해서 어느 정도까지 피해를 보고 있습니까?

A : 실제 미술치료사들이 아이들을 대상으로 그린 그림들을 살펴보면 이미 아이들의 뇌에 전반적인 부분에 손상이 된 것이 그림 안에서 표현이 되고 있습니다.

아이들이 그린 그림 중 30%가 넘는 그림 안에서 아이들의 폭력성이 드러나는데 게임을 못하게 하거나 자신이 좋아하는 활동을 하지 못하면 엄마나 아빠에 대해서 게임에서 하듯이 총을 쓰거나 칼을 써서 아니면 여러 가지 도구로 자신을 방해하는 사람을 죽이는 그런 그림들을 그리는 것들이 이미 학교에서 활동하고 있는 미술상담사들, 치료사들에 의해서 학술적으로 발표가 되고 있는 입장입니다.

또한 초등학교 아이들에게서는 ADHD가 증가했다는 연구결과가 많이 나오고 있습니다. 이 ADHD가 후천적으로 증가된 요인 중에 하나가 바로 어린 시절부터 컴퓨터와 스마트폰과 알코올과 음란물 같은 것들에 일찍이 노출되어서 그 노출기간이 긴 아이들에 기본적으로 나타나는 우울증, ADHD, 학습장애, 충동조절장애 같은 것들은 이미 초등학교 학생들에서부터 상당히 많이 나타나는 것으로 보고되고 있습니다.

5. 도박중독

■ 김규호 목사 (중독예방시민연대 대표)

Q : 우리나라 도박 상황을 현재 간략하게 설명해 주시면 어떤 상태입니까?

A : 우리나라 도박 산업이 총 7개가 있습니다. 대표적인 것이 바로 경
마, 경륜, 경정, 스포츠 토토, 카지노, 복권, 청부 소싸움. 그래서 7
가지가 있는데 전체 매출이 약 19조에 이릅니다.

1년에 19조 원이 도박의 판돈으로 오가고 있습니다. 그중에 순수익
이 약 7조에 이르는 어마어마한 시장입니다. 도박중독자들도 유병
율이 약 7% 정도 나오는데요. 성인남자를 기준으로 대한민국 인구
비율로 할 때 약 250~300만 명이 도박중독자로 정부 공식 통계 집
계가 나오고 있습니다.

많은 국민들이 도박중독에 빠져서 전 재산을 탕진하고 가정이 해체
되고 그리고 고통을 이기지 못해서 자살에 이르는 그런 사람들이
많이 발생되고 있습니다. 심각한 수준입니다.

Q : 도박 중에 경마가 미치는 영향이 굉장히 큰 것 같은데 경마에 국한해서 지금 어떤 상황인지 궁금합니다.

A : 경마가 우리나라 도박 산업의 시작입니다. 1922년 일제강점기에 조선경마구락부가 생기면서 우리나라에 도박 산업이 들어왔습니다. 그 후 경마가 대한민국의 가장 큰 도박 산업으로 성장해왔고 도박 산업 전체 19조 원 가운데 약 8조가 경마입니다. 절반을 육박하고 있습니다.

그만큼 규모도 크고 오랜 기간 동안 있어왔기 때문에 그 피해도 가장 많은 영역입니다. 많은 분들이 경마에서 도박을 배웠다가 결국은 불법도박으로 가기도 하고 카지노에 가기도 하고 다른 도박으로 연결되는 통로가 되고 있습니다.

Q : 청소년 도박은 현재 어떻습니까?

A : 청소년들은 경마 쪽에는 아직 많지는 않지만 청년들 대학생들은 많은 퍼센트를 보이고 있습니다. 정확한 통계는 없지만 출입하는 10명 가운데 한 2명은 청년들로 보고 있습니다.

젊은 시절부터 도박을 즐기다 보면 나중에 40대, 50대 재력을 가지게 되었을 때엔 중독에 심각하게 빠져서 전 재산을 탕진하는 그런 일을 만날 수 있기 때문에 사실은 더 심각하다고 볼 수 있습니다.

경마 말고도 다른 사행산업 특히 스포츠 토토 같은 경우엔 스포츠 경기에 배팅을 하는 그런 것 때문에 스포츠를 좋아하는 청년들이나 청소년들이 스포츠 토토에 많이 빠져 있습니다.

결국엔 어렸을 때부터 도박이 몸에 습관화되면서 성인이 되었을 때는 심각한 중독에 빠질 위험성이 많습니다.

Q : 도박중독에서 벗어나기 위한 국가적인 대책들은 무엇이 있는지요?

A : 지금 우리나라에서 가장 문제가 되는 도박은 전통적으로 경마가 가장 많은 퍼센트를 차지하고 있으며 많은 사람들이 복권이나 로또를 하고 있습니다. 로또의 문제점은 소액으로 하기 때문에 사람들이 도박이라고 여기지 않는 부분입니다.

그런데 문제는 기타 중증 도박으로 옮겨가는 통로가 복권이 되고 있다는 것이 많은 전문가들의 지적입니다. 복권을 통해서 사행적인 심리가 생기면 좀 더 짜릿한 도박으로 옮겨가는 그런 양상을 보이기 때문에 복권이 문제가 되고 있습니다.

그다음이 카지노인데 강원 랜드에 태백 탄광촌이 폐광되면서 지역 경제를 살리기 위해 외국인출입 카지노가 생겼습니다. 그곳이 가장 큰 문제가 되는 것은 거기서 많은 분들이 전 재산을 탕진하고 자살을 하는데 정선지역 그 지역에서만 공식적으로 일 년에 한 100명 정도 자살자가 나오고 있습니다.

그 자살자가 강원랜드에서 재산을 탕진한 사람으로 추정되고 있고 또한 많은 사람들이 중독으로 지금 자살을 하고 있는데 그 대부분이 도박중독 케이스가 많습니다.

우리나라 자살자의 약 30%가 도박과 관련된 것으로 추정이 되고 있어요. 또한 우리나라 형사 범죄의 30%가 도박범죄에 관련해서 일어나는 것으로 현재 추정이 되고 있습니다.

도박 빚을 갚기 위해 살인을 한다든지 강도 행위를 한다든지 가정에서 가족을 폭행한다든지 그런 범죄사건들이 많이 일어나고 있습니다. 최근에는 어린이 납치사건, 유괴사건이 이 도박 빚을 갚기 위해서 일어나고 있는 범죄들로서 사회적 문제가 되고 있습니다.

최근에는 스포츠 토토가 문제가 되고 있는데 그것은 축구, 농구, 배구 등 우리 청소년들이 좋아하는 경기에 돈을 걸고 베팅을 하는 것으로서 청소년들이 도박이라고 생각하지를 않고 그저 스포츠를 즐기는 하나의 문화로 받아들이고 있어서 그것이 결국은 사행 심리를 더 자극하게 되고 더 짜릿한 쾌감을 맛보기 위해 도박으로 빠져드는 그런 통로가 되고 있습니다.

그래서 스포츠 토토는 온라인 회사이기 때문에 그중 온라인에 익숙한 청소년들과 청년들이 많이 빠져들고 있습니다. 그리고 여기서 도박을 배워서 결국 불법도박으로 가는데 지금 인터넷에서 온갖 종류의 불법 도박들이 판을 치고 있고 거기에 많은 사람들이 빠져들고 있습니다.

불법도박이 약 50조에 이른다는 추정도 나오고 있고 작년에 한국에서 마늘밭에 110억 원 현찰이 묻어져 있는 게 발견됐는데 그게 이 불법 인터넷 도박 사이트를 만들었던 일당들이 번 돈을 감춰 놓은 것이며 한 석 달 만에 번 돈이라고 합니다. 그럴 정도로 많은 사람들이 지금 도박에 빠져 있습니다.

이 도박으로 인해서 가정파괴 그리고 전 재산 탕진과 직장에서 퇴출되어 노숙자로 전락하고 또 그 도박 빚을 마련하기 위해서 범죄를 저지르고 폭력을 행사하고 그러다가 결국은 병도 들고 자살로 생을 마감하는 그런 사람들이 너무나 많습니다.

더군다나 경륜이 있습니다. 자전거에다 돈을 겁니다. 경주에 경정이 있습니다. 보트경기에 돈을 겁니다. 그리고 이제는 청도 소싸움에도 돈을 걸면서 지금 총 7개의 사행산업이 한국에 있습니다. 세계에서 가장 많습니다. 대한민국이 도박 공화국이라고 말할 수 있을 정도로 심각한 수준에 와 있습니다.

이런 것들을 막기 위해서 정부에서는 '사행산업통합감독위원회' 라는 국무총리실 소속기관으로 만들어놓은 기관이 있습니다. 그러나 이 기관이 사실은 인허가권이 없이 건국인원만 있어 각 사행산업들에게 권고만 하지 강한 행정적 규제가 없습니다.

이 사단의 권한이 굉장히 약하다는 것이 정책적인 문제점이고 그나마 가지고 있는 것이 전자카드제와 총량제입니다. 총량제는 GDP대비 0.58%의 사행산업의 총량을 묶어놓았습니다. 그래서 GDP가 발전할수록 안전장치가 마련될 때까지는 총량을 규제하겠다는 제도입니다.

그러나 매번 경마, 토토, 복권, 카지노 매출이 그냥 넘어가 버립니다. 그것을 마땅히 제재할 수단이 없습니다. 그것이 문제점이고 그리고 전자카드제는 모든 도박시설에 출입할 때에 일인당 의무적으로 카드를 소지하여 그 카드에 베팅한 횟수 금액이 기록되어 과도하게 베팅하고 출입을 했다거나 과도하게 돈을 잃은 사람들에게 도박장 출입을 자동으로 정지하는 기능입니다. 하지만 이 기능과 카드도 각 사행산업체의 저항으로 인해서 겨우 이제 시범실시하고 있습니다.

2018년까지 전면실시를 정부가 추진하고 있지만 각 사행산업이 강력하게 저항하고 있어서 사실 2018년까지 전면실시가 되는지도 참 의심스러운 상황입니다. 그래서 여러 가지로 제도가 보안되어야 할 상황에 있습니다.

■ 박종연 박사 (한국상담개발원)

Q : 성인들의 도박도 무시할 수 없는 수준이고 학교 교실내의 학생들도 마찬가지인데요. 경마장 특히 정선 이런 부분들이 실제로 어떻게 돌아가고 있습니까? 실제로 피해 입은 사람들 심지어 자살하는 사람들도 있다고 들었습니다.

A : 정선 같은 경우만 단적으로 우선 예를 들면, 정선에 카지노가 생기기 전후의 자살률을 비교했더니 정선카지노 이후에 3배 이상 높아졌다는 통계가 있습니다. 통상 정선지역에서 도박중독에 문제가 있는 분들이 일인당 평균 잃는 금액이 16억이라고 이야기합니다.

일반사람들은 16억이라는 돈을 만지기조차 쉽지 않지만 통상 정선이란 지역에서 도박을 하시는 분들이 잃는 돈이 16억이라고 하는 것들은 이미 그 안에서 많은 분들이 돈을 잃었다는 이야기이며 특히 경마장 같은 경우는 우리나라에서 가장 오래된 도박 중에 하나로 실제 경마장 도박에 문제가 있으신 분들은 결국 장외경마장이 상당히 큰 사회문제가 되고 있는 것입니다. 이분들은 말이 뛰는 게 중요한 것이 아니라 어떤 말이 어떻게 이길 것인가에 관심이 가기 때문에 밖에서 보느냐 안에서 보느냐는 의미가 없습니다.

이미 마사회에서는 그 부분들을 해소하려고 많은 노력들을 하고 있지만 현재까지도 스크린 경마 같은 경우에는 장외에 있는 경기장 수가 워낙 많다 보니까 실제 많은 의존자분들이 스크린경마장에 가서 많은 도박을 하고 그뿐만 아니라 케이블시스템을 몰래 가져와서 불법적으로 스크린경마장을 운영하는 불법업체까지 성행하고 있습니다.

그들에게는 베팅금액에 제한이 없기 때문에 더 큰 경마로서 도박의 수입을 얻으려고 하는 많은 의존자들이 합법적이 아닌 불법적인 스크린 경마 도박에 빠지고 있습니다. 정선카지노 같은 경우도 실제 많은 사람들이 호기심으로 그 지역을 방문했다가 거기서 벗어나지 못하고 매춘과 절도, 도박 그리고 범죄에까지 이르고 있고 또 저지르는 비율이 정선에 카지노가 생기기 이전과 이후를 봤을 때 상당히 많이 심각한 사회문제로 이미 대두되고 있습니다.

Q : 도박에 중독된 사람들의 범죄가 실제사례로 나타난 것들은 어떤 것이 있는지요?

A : 제가 상담했던 친구들 중에서는 범죄에 연관된 경우는 게임을 하다

가 도박에 빠져든 친구였는데 실제 맨 처음의 시작은 소액결제로 시작을 했습니다. 성인이다 보니까 100만 원, 200만 원씩 제3금융권에서 돈을 빌려서 그 돈으로 생활하고 도박을 하다가 빚을 갚아야 하는 시기가 오면 그 빚을 갚을 수 없어 또 다른 대부업체를 통해서 자꾸 돈을 빌려 쓰고 그것들이 제3대부업체에서 더 이상 돈을 빌릴 수 없을 때 소위 말하는 사금융이라고 이야기하는 사채에까지 손을 대기 시작했고 그 빚들이 자꾸 커지면서 불법사금융직원들이 이 친구에게 전화를 해서 "신장과 콩팥을 팔아라. 아니면 너를 가만히 두지 않겠다. 너희 가족들을 내가 가만히 두지 않겠다" 하는 협박들이 계속 반복해서 일어남으로 인해 신변위협에서 가장 쉽게 돈을 벌 수 있는 방법으로 선택한 것이 불법을 저지르는 도둑질, 절도, 횡령, 아니면 유괴를 하거나 이런 식의 범죄 형태로 나타나는 것이 심심치 않게 많이 있습니다.

그리고 제가 상담했던 친구 같은 경우에는 불법 대차업체나 차를 팔아주는 업체에 연관이 되어서 본인이 사지도 않은 본인 이름의 차를 사서 바로 되팔고 본인은 수수료 100만 원만 받고 찻값의 삼천만 원을 떠안게 되는 이런 일들까지도 일어났습니다.

6. 성형중독

■ 이재화 원장 (제이제이성형외과)

Q : 아름다움에 대한 관심이 어제, 오늘의 일이 아니지만 요즘 유난히 한국
사회의 여성들이 시간과 돈을 많이 투자하는 것 같아요. 외모에 대한 집
착이 성형중독까지 이어지고 있는데 성형이 치료나 미용을 뛰어넘어서
중독까지 이어지는 원인은 무엇일까요?

A : 여러 가지 사회문화적인 요인도 있고 개인의 가치관이나 또 사회가
외모지상주의로 가고 있으며 IT영상이 발달함으로써 아날로그적인
라디오 방송에서 디지털이 아주 화질 좋게 나오고 사회적 요구도
높아지는 이유도 있으며 또 성형기술 자체의 의술이 많이 발달한
것도 하나의 요인이 되며 또한 경제적으로 우리나라가 잘 살다 보
니 삶의 질적인 것을 생각하게 되고 이런 것이 복합적으로 작용하
여 미에 대한 잘못된 가치관이나 어떤 미성숙한 가치관이 더해져서
간혹 중독에 빠지는 경우들이 있습니다.

Q : 그렇다면 성형중독이라고 기준할 수 있는 것은 어떤 것이 있을까요? 그리고 중독자들에게 보통 일어나는 태도나 양상에는 어떤 것들이 있는지요?

A : 명확하게 딱 잘라서 얘기하기는 어렵지만, 대략 어느 정도 심한 경우에는 중독으로 확신 할수가 있는데 대부분의 사람들이 자신의 몇몇 콤플렉스 즉, 눈에 쌍꺼풀이 없다던가, 턱이나 광대가 튀어 나왔다던가, 그런 부분들을 고치기를 원하고 또 고치면 만족하고 즐겁게 살죠.

그런데 간혹 연예인의 사진이나 자기 이상향의 사진을 몇 백 장씩 가져와 미적인 개성방향이 지나친 걸 요구합니다. 오히려 원하는 대로 해주면 정상적으로 예쁘게 될 수가 없는 기준을 요구합니다. 그러면 이상하게 되죠. 그런 것들을 보면 어느 정도 우리가 중독증상이 있다고 판단할 수 있죠.

Q : 그럼 한 번 수술을 경험한 고객이 재방문하는 경우는 몇 % 정도인지요?

A : 퍼센트로 얘기하기는 좀 애매한 부분이 있고요. 이런 경우 우리가 좋은 의미의 성형중독과 나쁜 의미의 성형중독으로 나눠서 이야기를 하는데 성형의 대부분이 순기능으로 만족을 하고 의사들도 보람을 느껴서 삶의 질을 높여주는 것에 만족을 합니다.

그러나 환자들이 겁을 먹고 한 가지만 해보는데 막상 실제로 해보면 아프지도 않고, 예뻐져 삶의 활력도 생기고 용기가 생겨 하려다 못했던 것도 마저 하여 또 더 활력 있고 자신감 있게 살며 그래서 성형 중독이라고 표현하기는 뭐하지만 좋은 의미의 성형중독이라고 할 수 있는 경우가 있습니다.

그러나 아주 극소수에서는 무리한 요구를 많이 하고 안 된다고 환자를 설득시켜서 정상적으로 예쁜 모양을 해주면 객관적으로 예쁘게 잘 됐는데도 '마음에 안 든다, 더 고쳐 달라' 등의 무리한 요구를 많이 해요. 물론 말리기도 하는데 어떤 환자는 닥터쇼핑을 합니다. 여기서 안 해주면 다른 병원을 찾아가고 하다 보면 대부분의 의사들이 안 해주지만 그 중에서 자꾸 원하니까 해주기도 합니다.

그러면 기껏 예쁘게 수술해 준 거 망쳐서 다시 옵니다. 실제로 겪었던 케이스인데, 눈이 크고 예쁘게 잘됐는데도 몇 년을 여기저기 돌아다니다 다시 왔습니다. 그래서 각서까지 받아가며 고쳐줬는데 또 여기저기 돌아다니는 이런 경우도 있고. 어떤 심한 경우는 객관적으로 예쁘게 됐는데도 잘못됐다고 의사한테 시비를 걸고 그래서 소송을 걸어 결국엔 신고를 해서 재판을 받아 실형까지 받게 되는 경우도 있어 참 안타깝습니다.

Q : 그럼 그런 환자들의 대한 대응은 보통 어떻게 하세요?

A : 아무래도 많은 환자들을 보다 보면 태도 등으로 감이 와요. 아까같이 자료를 몇 백 장씩 가지고 온다던가, 보편 타탕한 예쁜 모양이 아닌 엉뚱한 모양을 원한다던가. 그럴 경우에는 잘 설득을 시키죠. 설득을 시켜서 알아듣고 하면 한계를 명확하게 얘기 해주기도 하

고, 진짜 심한 경우는 하지 말라고 권하죠. 그건 나뿐만이 아니라 모든 전문의들이 그렇게 해요. 그렇게 해도 그런 환자들은 결국에 문제가 되고 그러더라고요. 참 안타깝죠.

Q : 성형중독 환자들이 단지 예쁘게 해줬는데 또 원해서 다른 데서 재수술 받고 오면 마음이 아프다고 하셨잖아요. 그런 것들이 정말 건강에 위협이 될 정도의 케이스들도 있나요?

A : 성형수술이라는 건 아무래도 미적으로 얼굴이나 몸에 부분적으로 하는 것이기 때문에 전문의한테 제대로만 받으면 건강 자체는 심각하게 직접적으로 문제는 없어요. 그렇지만 부분적으로 그 수술부위나 모양이 일그러져서 아주 심한 경우에는 도저히 어떻게 고쳐도 원상복구는 안 되고 일그러진 상태가 어느 정도 남을 수도 있죠. 그러면 육체적인 건강문제에서는 큰 문제는 안 되지만 외모 부분에서는 상당히 심각하게 살아가면서 지장을 초래할 수 있죠.

Q : 여러 번의 재수술을 통해서 의사들이 극구 말렸는데도 계속 받다 보니까 건강에 심각한 악영향을 받은 케이스들이 있나요?

A : 좀 전에 설명한대로 성형수술은 어떤 부분적인 수술이기 때문에 전체 건강 시스템하고 그렇게 직접적인 연관은 적어요. 그런데 그 부위의 성형수술이란 말 그대로 예뻐지려고 했던 수술인데 더 보기 싫어져서 오히려 복구가 불가능한 경우도 많이 있습니다.

그런 경우에는 외모에서 얼굴이 안 예뻐졌기 때문에 상당히 사회생활에서 지장을 받고 심리적으로 영향을 미쳐 스트레스를 받는다던가, 사회생활도 제대로 못한다던가 해서 때로는 2차적이고 간접적인 영향력과 파급력이 더 큽니다.

비전문의가 아직 실력이 부족한데 수술을 망쳐 환자가 피해자가 되는 경우도 있고, 또 전문의가 올바로 했는데도 본인이 이상한 걸 반복적으로 요구하다 보면 본인의 잘못된 요구로 심각한 결과가 초래되기도 하고, 또 운 좋게 여러 번 잘못됐어도 자제를 못했던 과거를 후회하고 다시 수술을 받아서 최대한 원상복구가 되어 환자도 고마워하고 주치의도 보람을 느끼는 경우도 있기도 합니다.

Q : 그럼 성형시술과 수술의 종류도 유행을 따르는지 궁금해요. 현재 연령별, 성별로 가장 인기 있는 시술 및 수술은 어떤 게 있을까요?

A : 아무래도 시대적, 사회경제적인 영향을 많이 받아요. 좀 길게 역사적으로 보면 조선시대는 미적인 기준이 여자들 같은 경우에는 살이 통통하게 찌고 후덕한 이미지가 미인으로 꼽혔죠. 지금은 너무 풍요로워지다 보니까 비만이 사회의 화두가 되어 오히려 군살 한 점 없이 삐쩍 마른사람이 미적기준이 되고 선망의 대상이 됩니다.

그래서 시대 사회적으로 그런 영향도 있고, 또 조선이나 중국 이런 동양이 세계무대에서 동양의 미적인 것을 찾았는데 이제 현대화되고 서구화되다 보니 미적인 기준이 서구적인 기준으로 바뀌었죠. 옛날엔 동양적으로 눈썹이 가는 것이 예뻤는데 지금은 서구적으로 눈도 크고 눈썹도 또렷하고 가슴도 몸매도 글래머인 그런 형으로 미적인 기준이 바뀌었습니다.

Q : 요즘에 유행하는 수술 중에 양악수술이 원래는 굉장히 위험한 수술이라고 들었습니다. 턱 환자들이 원래 받는 수술이라고 들었는데 요즘엔 단지 예뻐지기 위해서 미모를 위해서 받잖아요? 혹시 그것에 대한 말씀을 해주실 수 있나요?

A : 그 경우도 역시 마찬가지인데요. 성형 의학의술도 많이 발전해왔어요. 그렇기 때문에 환자들에게 해줄 수 있는 미적인 완성도도 상당히 높아졌고요. 그런 것 중에 안면윤곽이나 양악 같은 것이 대표적인 수술인데 사실 난이도가 높은 수술이에요. 위험하기도 하고. 또 환자가 죽는다거나 여러 가지 사고도 많이 발생하는 수술이긴 해요. 굉장히 위험한 수술이 맞는 말이고요. 또 바꿔서 보면 경험과 숙련도가 높은 의사한테 받으면 사실은 또 그렇게 위험하지도 않아요.

그래서 우리가 단정적으로 '양악수술 위험하다. 하지 마라.' 이렇게 할 순 없습니다. 완전히 주걱턱으로 튀어나왔다던가, 입이 돌출이 되서 좀 인상이 촌스러워 보이는 얼굴은 기술이 확대, 발전되어서 옛날엔 이룰 수 없던 일들이 가능해져 돌출된 입이나 턱, 광대 뼈를 고쳐줌으로써 삶의 질이 많이 개선 되지요.

그래서 긍정적인 측면으로 보자면 경험이 많고 숙련된 의사한테 수술을 받는다는 전제하에서는 그렇게 위험하다고 보지는 않아요. 미숙련된 의사가 한다면 상당히 위험한 수술인 건 맞습니다. 의사 개개인의 숙련도를 고려해야지 그냥 어느 수술 위험하다, 안 위험하다 그렇게 구분할 수는 없습니다. 우리가 승용차를 타는 것과 오토바이 타는 것에서 아무래도 상대적으로 오토바이를 타면 위험하죠. 승용차가 상대적으로 안전하고요. 오토바이를 탔다고 매 번 사고 나는 것은 아니지만 사실 사고 났을 때 위험성은 오토바이가 큰 것처럼 의사의 경험숙련도 이런 게 고려된다면, 충분히 할 수도 있는 수술이고 또 그걸 통해서 환자는 큰 만족감을 얻을 수 있다고 생각합니다.

Q : 성형 자체에 대해서 어떻게 생각하시는지요?

A : 우리가 성형이라는 것을 두고 도대체 좋은 것인가, 나쁜 것인가, 중독인가, 해로운 것인가, 해도 되는가 안 되는가, 이런 이야기들이 사회의 화두가 되고 여러 가지 문제가 됩니다. 성형에 중독된다거나 너무 과하게 고쳐서 이상해진다면 예를 들어서 선풍기 아줌마처럼 그런 미의 왜곡된 문제들 때문에 문제가 되면 성형을 아주 나쁜 것으로 매도할 수 있지요. 칼도 주부가 들고 요리를 할 때는 온 가족이 맛있는 음식을 먹을 수 있는 좋은 도구인데, 강도가 드는 순간 아주 끔찍한 일이 일어나죠. 돈도 마찬가지입니다. 우리가 돈을 많이 벌어서 불쌍한 이웃도 돕고 좋은 데 쓴다면 더없이 좋은 게 돈이지만 그걸 가지고 도박을 한다면 더없이 나쁜 게 되는 것입니다.

성형이라는 것도 자기의 부족함이나 콤플렉스 같은 것이 발견되어 있는 기술로 고쳐서 자신감을 회복하고 살면 더없이 좋은 것이 되지만 너무 환상에 빠지고 왜곡된 가치관으로 무리한 것을 요구하면 얼굴을 망치고 심지어 인생을 망쳐서 되돌릴 수 없는 끔찍한 결과를 초래할 수도 있지요.

그렇기 때문에 성형 자체가 좋다 나쁘다 이야기할 수는 없고 올바른 가치관과 사고방식을 가짐으로써 올바로 사용하고 무리한 요구를 안 할 때, 아주 좋은 도구가 될 수 있겠습니다.

Q : 사회적인 문제로 대두되고 있는 프로포폴에 대해서 말씀해 주세요?

A : 마취기술이 부족하고 그럴 때는 아무래도 통증을 갖고 성형수술을 받았지만 요새는 약 기술이 많이 발달하여 우리가 우유주사라고 부르는 프로포폴이라는 것은, 환자를 잠깐 재우는 약입니다.

그래서 자는 동안 마취주사를 놓으면 환자들은 몰라요. 일어나면 기억을 못하고 통증 없이 마취를 함으로써 편하게 성형수술을 받을 수 있는 데 아무래도 그걸 맞다 보면 기분이 좋다고 느낄 수가 있습니다.

건전한 일반적인 사람은 그렇게 안 느끼는데 약간 왜곡된 삶을 살고 있다던가, 의지가 약하다 보면 그런 것에 빠져 아주 나쁜 영향력이 미치는 거죠. 그렇기 때문에 성형이고 프로포폴이고 여러 가지 많은 문제들은 그 자체가 좋다, 나쁘다 평가하는 것은 바람직하지 않고 그것을 올바른 목적으로 올바르게 사용한다면 더없이 좋은 도구가 되고 그것을 본인의 잘못된 가치관이나 왜곡된 그런 사고방식으로 인해서 잘못된 길로 빠진다면 본인에게도 아주 불행한 일이고 사회에도 많은 악영향을 미치게 되겠죠.

Q : 성형중독에 종교의 힘이 기여를 한다고 생각하시는지요?

A : 현실적으로는 어느 정도 기여를 하는 것이 사실입니다. 중독까지 되는 경우들은 대부분 실제 외모의 문제 때문이 아니라 육신을 지배하는 우리의 영적인 문제입니다. 우리 영혼의 주인 되신 하나님을 아는 것과, 하나님이 나의 주인 됨을 아는 올바른 신앙과 가치관이 되어 있지 않다 보니 자꾸 세속적으로 빠지게 되고 절대 기준이 없다 보니 흔들리게 되고 세상의 외모지상주의에 빠져서 중독환자들이 되는 것입니다. 건전하고 보편적인 가치관을 가지고 있으면 절대로 빠지지 않습니다. 중독환자들이 오면 태도나 생김새로 벌써 알아차릴 수 있고 느낌상으로도 알 수 있습니다. 하나님도 사람을 외모로 취하지 않는다고 했습니다.

우리가 육신의 몸을 입고 있기 때문에 현실적으로는 외모가 중요하지만 어느 정도 콤플렉스를 느끼는 건 소화가 안 될 때 소화제를 먹어서 도움을 받듯이, 성형의 도움을 받아 자신감을 회복하면 됩니다. 성형수술도 하나님이 주신 기술입니다. 그러나 너무 외모에 집착하는 것은 외모의 문제가 아니라 가치관에서 하나님이 없는 것. 그리고 마음의 영혼의 주인이 없이 방황하는 그런 것 때문에 결국은 문제가 발생하므로 성형중독은 그 자체가 문제가 아니라 하나님이 그 마음에 없는 황폐한 것이 근본 원인인 것입니다.

■ 사례 - 성형중독 (안명희)

Q : 중국에서 처음에 쌍꺼풀 수술로 시작해서 모든 일이 진행되었는데, 처음에는 미용목적으로 수술 받으신 건가요?

A : 맞습니다. 저는 쌍꺼풀은 원래 있었기 때문에 쌍꺼풀보다는 눈두덩이 지방을 제거했어요. 중국에서도 유행을 했었거든요. 그런데 지방을 제거하고 나니까 옛날에 그 예쁜 모습은 없어지고 항상 피곤해 보이고 눈이 푹 패어져 있어서 다시 재수술을 하게 됐어요.

그렇게 한두 번 하다 보니까 옛날 내 모습을 잃어버렸고 자꾸 더 하고 싶은 그런 욕망이 생기더라고요. 그러나 하면 할수록 망가진다고 주변에서는 하지 말라고 했죠. 그래도 저는 옛날 그 모습이 생각이나 여러 차례 했습니다.

Q : 그럼 처음에 시술받았던 병원에서 다시 재수술을 받으신 건가요?

A : 아니에요. 다른 병원에서 수술을 두세 번 받게 됐죠.

Q : 처음에 지방 흡입하신 게 어떤 수술이었죠?

A : 서양 사람들 같은 그런 눈이 중국에서 한참 유행을 했어요. 그래서 갔더니 의사선생님이 저는 그런 눈은 잘 안 맞는다고 하더라고요. 그때 당시 하지 말라고 하면 좋았을 텐데 그런 얘기는 없고 그냥 중간의 지방만 제거 해버린 거예요. 그러니까 중간만 눈이 꺼져 들어가서...

Q : 그럼 몇 번의 재수술을 받으셨나요?

A : 두세 번 정도입니다.

Q : 그러고 나서 한국에 오시게 된 계기가 또다시 재수술을 받기 위해선가요?

A : 그것보다도 저는 중국에서 조그마하게 가게를 했었는데 너무 힘들어서 한국을 나오게 됐어요. 한국에 나와 보니 강남 쪽에는 성형수술을 잘한다고 하더라고요. 성형의 욕망이 또 생기는 거예요. '아! 한 번 더하면 더 예뻐지지 않을까?' 하는 생각이 들어 또 하고 싶더라고요. 그래서 여기저기 많이 다니다가 아는 분 소개로 강남의 제이제이 성형외과를 소개받았어요. 그래서 이쪽으로 오게 된 거죠.

Q : 그럼 처음에 재수술 받기 이전의 모습은 어땠나요?

A : 재수술 받기 전에는 너무 예뻤죠. 지금은 다 없어졌어요. 너무 아픔이 많아 생각도 하기 싫어요.

Q : 마음이 많이 힘드셨겠어요?

A : 너무너무 힘들었어요. 그리고 주변의 시선이 더 힘들었지요. 밖에 나가면 '너 그 예쁜 눈 왜 그렇게 됐냐'고 보는 사람마다 이야기를 하니깐 밖에 나가기도 싫고, 친구 모임도 가기 싫고, 그냥 사람 만나는 것 자체가 싫었어요.

Q : 얼마나 심각했었나요?

A : 수술을 한 번, 두 번 하면서 지방을 넣다, 뺐다 하니까 더 엉망진창이 되더라고요. 시력도 나빠지고. 거울보기가 싫었어요.

Q : 대인관계 기피증이 생긴 건가요?

A : 저는 학교 다닐 때 워낙 밝은 성격이었거든요. 친구들도 좋아하고 그랬었는데 진짜 오랫동안 한국에 와서도 모임에 안 나갔어요. 그 정도로 마음이 괴롭고 힘들었어요.

Q : 그럼 이곳 성형외과에 오셔서 처음에 어떻게 상담을 받게 되시고, 또 어떤 시술을 거치셨는지 말씀해 주시겠어요?

A : 여기 와서 상담받으면서 원장님을 뵙는 순간 편안한 마음이 들더라고요. '하나님은 당신을 사랑합니다.' 그 간판이 제 마음에 닿았어요. 저는 교회는 잘 안 나가요. 중국에서는 신앙생활을 못하게 되어 있잖아요. 제가 어렸을 때 부모님들이 몰래몰래 숨어서 신앙생활을 하셨어요. 힘들 때면 교회를 찾아가는 거예요. 그러나 힘들 때만 찾고 곧 잊어버리고 사셨습니다. 여기서 마지막으로 한 번 더 하고 싶은 생각이 들어 상담 받고 수술받기로 했죠.

Q : 그럼 지금 몇 번의 시술을 거치셨나요?

A : 여기서도 몇 번 했는데 한국은 중국보다 따뜻하고 정도 많아 좋더라고요. 원장님 보는 순간 마음도 편해졌고 수술대에 누워도 편안

함이 들었어요. 그런데 이미 너무 망가진 눈이라, 처음 수술은 마음에 썩 들지가 않더라고요. 고마운 것은 내가 진짜 아무것도 아닌 50대 주부이지만 돈 한푼 안 내고 다시 하기도 미안했지만 그래도 욕심이 생겨 이왕 시작한 거 한 번만 더 받자 했습니다. 원래 그 눈은 찾을 수 없더라도 좀 예쁘게 하고 싶은 생각이 들어서 "원장님 안 할까 하다가 또 왔어요 죄송합니다" 했더니 내가 할 수 있을 때까지는 할 테니까 정 여기서 안 되겠다 싶을 때는 오지 말라고 하시더라고요. 진짜 좋으신 분이에요. 예쁜 눈을 찾아 용기 내서 사회에 나가 즐거워하는 모습으로 사는 것만 봐도 만족한다고 원장님은 말씀하시더라고요. 제 눈물을 닦아준 구세주 같아요.

너무 고마워서 방송으로 얘기하고 싶고, 내가 너무 칭찬을 해서 원장님이 좋으신 분임을 가족이나 친구들, 주변사람들은 다 알고 있어요. 얼마 전에도 또 수술을 받았거든요. 이제는 많이 좋아졌어요. 그래서 마음도 기쁘고 거울도 자주 봅니다. 나름대로 한국 와서 열심히 살았더니 하나님이 원장님 같은 좋은 선물을 저한테 줬다고 생각하며 감사한 마음으로 좋은 것만 보고 저도 이제 '이재하 원장님같이 좋은 일도 하고 봉사도 하고 살아야겠다.' 생각을 했어요. 제가 한국에 와서 느낀 것도 많고 배울 것도 많고 진짜 너무 좋아요.

Q : 그럼 지금 현재 예수님을 영접하셨나요?

A : 부끄럽네요. 저희 딸은 정말 열심히 신앙생활 하면서 살거든요. 엄마가 이렇게 나와 있어도 예쁘게 자라줬는데 정말 부끄러울 정도에

요. 일요일이 되면 교회 나가라고, 주님을 영접하라고 항상 저한테 말하지만 저는 교회는 다니지만 믿음이 깊지 못해 지금은 성경공부를 하면서 '주님을 바라보고 주님만 찬양하면서 살아야겠다.' 그런 마음은 항상 가지고 있지만 아직 그렇게 마음대로는 안 되네요. 믿음이 약해서 그런가 봐요.

Q : 따님도 성형하셨나요?
A : 우리 딸은 아무것도 안 했어요. 자기는 하나님이 주신 그 얼굴 그대로 살겠다고 아무것도 안 해요.

Q : 만약 과거로 되돌아가실 수 있다면 처음에 그 시술을 받으시겠어요?
A : 아니요. 절대, 절대 안 받죠. 어떤 사람이 예뻐지고 싶어 수술하고 싶어 하면 엄마 아빠가 만들 때 다 맞게 만들어준 얼굴이니까 절대 손대지 말라고 얘기하고 싶어요. 물론 성형해서 예뻐지는 얼굴도 많아요. 하지만 저는 운이 안 좋았는지 옛날 그 모습이 훨씬 더 예뻤어요. 그래서 웬만하면 엄마 아빠가 만들어준 그 얼굴이 좋을 것이라고 권해요.
한 번하면 중독되어 예뻐질 것 같은 생각이 들어 자꾸 하는 거예요. 저는 어렸을 때 무용수로 일하면서 참 예쁘다는 말을 들었어요. 그런데 눈을 하고 나면 눈썹 올리고 싶고 코를 하면 좀 나을까 싶어져 중독이 되는 거예요. 아예 손을 대지 말아야지 한 번 대면 끝이 없더라고요. 저도 이제 여기서 마지막으로 끝내려고 해요.

Q : 성형중독에 빠져 있는 사람에게 해주고 싶으신 말씀이 있으시다면요?

A : 예뻐지고 싶은 것은 모든 여자들의 욕망이라 예뻐지고 싶은 마음은 누구든지 다 있어요. 그런데 모든 게 그렇게 생각대로 잘되지는 않더라고요. 외모가 예쁜 것도 참 좋지만 마음의 아름다움이 더 중요한 것 같다고 말하고 싶어요. 제가 이번에 수술하고 느낀 것은, 웬만하면 원래 있는 그대로 살았으면 좋겠어요.

한 번하고 나면 또 여기 고치고 싶고, 여기 고치고 나면 저기 고치고 싶고, 예뻐질 줄 알았는데 예뻐지지가 않으니까 다른 데 또 하고 싶은 거예요. 그러다 보면 성형에 중독이 되거든요. 웬만하면 고치지 말고 있는 그대로 예쁘게 살았으면 좋겠어요. 제 바램이에요. 정말 그렇게 얘기해 주고 싶어요.

■ 박종연 박사 (한국상담개발원)

Q : 성형중독에 대해서 말씀해 주실 수 있나요?

A : 인터넷상에서 보면 우리나라 미인들은 전부다 똑같은 판에 박은 똑같은 얼굴이라고 이야기들을 많이 합니다. 실제 맨 처음에 성형에 대한 부분들은 포토샵이란 것을 통해서 자신의 사진을 이미지 변조를 하는 것에서부터 시작이 되었습니다.

그런데 그렇게 포토샵을 하고 면접을 보거나 친구에게 사진을 보냈을 때 소위 말하는 얼짱 각도로 사진을 찍어서 보냈을 때 실제 모습과 다른 부분들 때문에 인터넷상에서 많은 조롱과 비난의 대상이 되는 것입니다. 그리고 통상적으로 성형중독이 문제가 된 가장 큰 이유는 부모들의 문제도 상당히 중요한 부분을 차지합니다.

아이들이 공부를 잘해주거나 본인이 원하는 것들을 잘해 주면 쉽게 돈으로 해줄 수 있는 것들을 방학 동안을 이용해 처음 시작하는데 대부분 쌍꺼풀로 시작이 됩니다.

쌍꺼풀수술을 하고 나서도 만족을 하지 못했을 때는 양악수술이라는 것을 하고 턱을 깎고 광대뼈를 깎고 하지만 그것들에도 더 이상 만족을 하지 못해 성인이 돼서는 실제 얼굴전체에 손을 댈 때가 없어 지방흡입 그리고 가슴을 키우거나 주름살을 피는 것까지 어떤 의미에서는 본인이 노력을 해서 살을 빼고 체형을 만들어가야 함에도 불구하고 쉽게 돈으로 자신의 모습을 고치는 부분들로 넘어가는 것들이 상당히 많고 또한 대중매체가 그런 부분들을 부추긴 부분도 상당히 많다고 봅니다.

특히 모 케이블 방송에서는 몇 번씩 성형을 해서 중독이 된 사람들이 나와 성형이 이렇게 좋다는 이야기들을 하고 있고 예체능 프로에 많은 연예인들이 나와서 나는 '성형돌' 이다 '성형미인' 이다 해서 성형하는 것 자체가 너무나 자연스러운 일처럼 이야기하고 있어 현재 아이들에게서는 '연예인들도 성형을 하는데 나는 왜 성형을 하지 못해, 나도 성형을 해서 저런 아이돌처럼 되고 싶다' 는 모방을 일으키는 부분들로 방송매체에서 상당히 많은 영향을 주며 그런 것들이 현재 성형중독이라고 이야기하는 것들을 많이 만들어내고 있는 실정입니다.

Ⅲ. 중독에 대한 견해

- 박종연 박사
- 강규형 소장
- 이상호 목사

■ 박종연 박사 (한국상담개발원)

Q : 중독에 관한한 아무래도 해결방법을 의학적인 근거로 말씀하실 텐데요.
중독에서 벗어나기 위한 신앙 외적인 부분과 신앙적인 이 두 부류에 있
는 사람들이 어떻게 대처하면 좋을까요?

A : 비기독교인들에 대한 이야기를 먼저 드리는 게 나을 것 같네요. 우선
은 크리스천이 아니신 분들이 왔을 때 가장 중요한 중독적인 부분들
은 만성적인 뇌질환으로써 저는 병원치료를 많이 권하는 편입니다.
뭐가 되었건 중독이 된 부분들은 치료가 필요한 부분들이 분명히 있
습니다.

그렇기 때문에 정확한 정신과적인 진단을 받은 후에 약물과 상담이
같이 가야 하는지 아니면 약물 없이 상담으로만 가능한지에 관한 명
확한 판단을 한 후에 약물치료에 대한 부분에서는 약물치료와 상담치
료가 같이 들어가는 것을 많이 권면하고 있습니다.

그리고 실제 그렇게 치료를 받는 중에는 가족분들은 상담을 통해서
내 아이와 가족의 중독에 대한 이해를 하게 되고 그들이 치료받은 후
에 나왔을 때 그들과 같이 더 이상 중독으로 문제가 생기지 않게끔 어
떻게 생활을 해야 할지 교육과 상담이 같이 들어갑니다.

회복된 이후에는 그 회복을 유지할 수 있기 위해서 똑같은 중독의 문
제에 빠졌던 사람들이 모이는 '자조모임' 이란 곳을 연결해줘서 가족
과 의존자 모두 그 자조모임 활동을 함으로써 가족이 살아가는 부분
에서 중독이 더 이상 그들에게 들어오지 못하게 하는 방법을 많이 사

용하고 있습니다.

반면 크리스천인 경우는 조금 방법이 달라집니다. 기본적으로 병원치료에 대한 부분들은 같이 들어가지만 결국 가장 중요한 부분은 본인이 영적인 부분들을 채워나가야 하는 것이 중요하기 때문에 저는 이 부분에서 가족들과 의존자에게 쓰는 방법들은 내적치유의 방법들을 상당히 많이 사용하고 있습니다.

이들이 육체적, 정신적, 영적인 세 가지 부분에 문제가 생겼기 때문에 신체적인 부분들은 충분히 병원치료를 통해서 회복이 될 수 있습니다. 그 부분은 철저하게 병원치료에 의존을 하고 정신적인 부분은 상담치료와 교육을 통해서 회복이 될 수 있다고 봅니다.

마지막 중요한 부분은 상처받은 영혼에 대한 치유에 대한 부분일 것입니다. 이 부분은 철저하게 기독교적인 내적치유방법을 통해서 회복을 해나갈 수 있는 여러 가지 방법들을 동원해서 회복을 하고 가족들을 다시 살리는 작업들을 하고 있습니다.

Q : 중독자에게는 무슨 말씀을 해주실 수 있으며 그 가족들에게는 무슨 이야기를 해주시겠습니까?

A : 제일 먼저 하고 싶은 말은 결국은 하나님 앞에, 예수님 앞에 당신의 모든 것을 내려놓고 용서를 구할 시기가 됐다고 이야기하고 싶습니다.

"당신이 중독에 빠져서 당신 자신뿐만 아니라 당신의 가족과 당신의 중요한 사람들에게 잘못했던 모든 것들을 예수님 앞에 내려놓아 용서받고 회복되고 치유되어 새로운 사람으로 거듭날 수 있기를 바라며 또한 그 기회를 하나님은 충분히 열어주시기 때문에 이제 당신이 마음 깊이 예수님을 받아들이고 그 안에서 정말 당신 자신에 대한 용서와 중독에 빠져 있을 때 했던 모든 일들에 대한 용서를 구하십시오. 이제 그 시간이 된 것입니다. 하나님과 예수님 앞에 모든 것들을 내려놓고 회개하여 거듭날 수 있는 기회를 가져 충분히 회복할 수 있기를 바랍니다."

가족분들이 왔을 때도 "중독 그 자체는 시련이고 사건일 수 있지만 그것들이 오히려 가족이 더 똘똘 뭉치고 예수님 앞에 마음의 것들을 내려놓고 회개하여 더 큰 길로 가기 위한 하나의 과정이 될 것이며 하나의 시련과 시험이 아니라 더 큰 방향으로 회복될 수 있는 오히려 '내적 쓴 뿌리'라고 하는 부분을 끊어내는, 하나님과 예수님 앞에서 다시금 거듭나는 기회가 되어 그 시간을 고맙고 감사히 여겨 신앙적으로 영적으로 더 충실하게 무장하고 훈련받아 더 좋은 방향으로 갈 수 있는 삶을 살면 좋겠다"고 이야기해주고 싶습니다.

Q : 복음으로 치유될 수 있다고 보십니까?

A : 현재 가장 중요한 부분은 바로 영적인 부분의 회복이라고 말할 수 있습니다. 많은 의존자분들이 종교적인 힘에 의해서 특히 성경과 예수님을 만남으로 인해서 많은 회복이 일어나고 있지만 회복 받은 분들이 또 다른 의존자들을 만났을 때 내가 과연 어떻게 회복이 된 것인지를 잘 설명하지 못하는 부분들이 상당히 많습니다.

그렇기 때문에 제가 목회자가 되었던 가장 큰 이유도 어떻게 회복되었는지 설명하지 못하는 이들에게 어떻게 하나님을 만났고 또 예수님을 만나서 중독이라는 것들을 어떻게 떨쳐내고 거듭날 수 있었는지에 대한 답을 찾아주고자 목회자의 길을 걸었고 지금 현재 그것을 위해 일하고 있습니다. 제가 찾아낸 답을 가지고 새롭게 회복하고자 하는 크리스천들에게 다시 예수님을 영접시키고 하나님을 받아들여서 중독의 굴레에서 어떻게 벗어나 새롭게 거듭날 수 있었는지에 대해서 알게 하는 것입니다.

■ 강규형 소장 (3P 자기경영연구소장)

Q : 청년들의 일중독에 대해서 말씀 부탁드립니다.
A : 대부분의 많은 사람들이 일중독은 심각하게 여기고 있지 않아요. 그러나 사실 어떤 면에서는 자신의 시간 관리를 지혜롭게 통제하지 못해 상습적으로 늦게까지 일을 하는 케이스가 있습니다. 아이들을 사실은 30분 만에 할 수 있는 공부를 심지어는 4시간이나 5시간까지 늘려서 합니다.

마찬가지로 우리가 집중해서 제시간에 할 수 있음에도 결과적으로 야근하고 상습적으로 늦게 퇴근하는 케이스가 상당히 많이 있습니다. 그것은 시간의 흐름에 대해서 한 번도 따져 본 적이 없기 때문입니다. 피터 드로커 교수는 시간 관리에서 제일 중요한 것이 "너의 시간을 알라" 라고 이야기합니다. 내가 지금 쓰는 시간이 어떻게 쓰여 지고 있는지 알지 못하는 이상 시간을 관리할 방법이 없다고 말합니다. 그래서 시간을 기록해 보라고 합니다. 시간을 기록해 봐야 내가 이 시간에 생산적인 일을 했는지 놀았는지를 알 수 있지만 대부분의 사람들은 그런 것을 하지 않습니다. 저는 매시간 기록을 합니다. 시간을 기록해 보고 칼라로 표시해서 체크를 해보면, 그 시간을 잘 사용했는지 간단히 알 수 있습니다.

시간이라는 것은 보이지 않는 것이기 때문에 보이는 것으로 만들어주면 관리가 쉬워집니다. 시간을 기록할 것을 요구해보면 시간에 대해서 생산력도 굉장히 높아지고 야근도 줄어들어 일중독에서도 벗어나는 것을 많이 봤습니다. 제 세미나에 오시는 분들은 꽤 많은 분들이 "바쁘다"는 얘기를 많이 합니다. 그래서 일주일의 시간을 기록해 보도록 하면 얼마나 내 시간이 뻥뻥 뚫어져 있었는지, 시간을 잘못 쓰고 있었는지 알겠다고 합니다.

때문에 시간을 막상 기록해보면 의외로 쓸데없는 시간이 많다는 걸 깨닫게 됩니다. 기록을 통해 시간을 지혜롭게 관리하면 일중독에서 벗어날 수 있다고 생각합니다.

Q : 일중독은 시간 관리와 연관성이 있다고 말할 수 있겠군요. 대부분의 청소년들이 자기 미래에 대한 비전이 불분명한데 강의하시면서 보시기에 어떻습니까?

A : 저는 현재 한 5, 60개의 대학교에서 강의를 하고 있고, 최근 들어서는 중, 고등학교에서도 특강을 합니다. 제가 만나 본 학생 중에서 "꿈과

비전이 있는 사람 손 들어보세요." 하면 거의 손을 들지 못합니다. 99% 학생이 꿈과 비전이 없어요. 기껏 한다는 얘기가 졸업하고 취업하는 것이라고 말합니다.

요즘 젊은이들이 취업을 하면 일 년 만에 50%가 그만둔다고 하는데 어떻게 취업하는 것이 꿈이 될 수 있는지? 말이 안 되는 얘기죠.

꿈과 비전을 목표관리라고 얘기하는데 목표보다도 상위개념이 목적입니다. 사명이라던가, 비전 이런 것이 목적이고 그다음에 목표가 있는 것입니다. 그리고 나서 하위개념인 장기목표, 중기목표, 단기목표 그다음에 연간계획표, 월간계획표, 주간계획표가 한 방향으로 정렬이 되어야 하는데 그게 없는 거예요. 그러다 보니까 아이들한테 꿈이라는 게 없고 사명선언서가 없고 평생계획표도 없으니 연간계획표도나 월간계획표가 있을 리가 만무하지요. 연간계획표만 예를 들어도 한해를 시작하면서 연간계획을 세우지 않는다는 것은 사실은 실패를 계획하는 것과 똑같거든요. 그럼에도 불구하고 학생들이 전혀 계획표가 없습니다.

저 같은 경우에도 꿈 리스트가 있고, 사명선언서, 평생계획표 등이 들고 다니는 수첩에 있습니다. 20년 전 자료인데 이것도 35세, 40세, 50세, 60세 이런 식으로 해서 10년 단위로 평생목표를 가지고 있고, 그다음에 당연히 연간목표, 월간목표, 주간목표도 반드시 있습니다. 그래서 이렇게 장기목표, 중기목표, 단기목표가 정렬되어야 하는데, 사실 우리나라 제도권에서는 이런 것들을 배워본 적이 없는 거죠. 그러다 보니 그걸 배워본 적이 없는 부모가 자녀들한테 뭘 전수할 수 있겠어요. 그래서 이렇게 꿈과 비전이 없는, 중장기목표가 없는 아이들은 사실은 많은 자살로 이어집니다.

어떤 통계를 보면 우리나라 청소년이 1년에 심지어는 1700명 정도가 뛰어내리고 자살한다고 합니다. 이 아이들이 꿈과 비전이 없는 것이 공통점입니다. 대학입시 시험을 잘못 보거나, 시험을 좀 잘못 보면 높은 곳에서 뛰어내려 죽고 하는 것이 이제 너무 흔하게 되었습니다. 그래서 꿈과 비전을 심어주는 것이 매우 중요합니다.

사회지도층들도 마찬가지입니다. 얼마 전에도 우리나라 탤런트나 유명 인사들이 자살하는 이유가 꿈과 비전에서 눈을 뗀 순간 자기 현실과 자기 부족함과 약점과 악성댓글, 이런 것을 보게 된 것입니다. 당연히 현실만 보면 누구나 쉽게 죽음을 생각하게 되요. 쉽게 이해하기 위해서 100m달리기를 하다가 중간에 넘어졌다고 합시다. 무릎이 깨지고 피가 날망정 걸어서더라도 끝까지 갑니다. 이게 목적이 이끌어주는 것입니다. 목적이 우리를 이끌어주는데 목적 자체가 없으면 어떻게 되겠어요? 넘어져도 못 일어나는 겁니다.

한 번 좌절하고 어려움을 겪으면 일어날 방법을 모르는 것입니다. 꿈과 비전이 있는 사람들, 중장기 로드맵이 있는 사람들, 사업하는 것이 유일한 목표가 아니라 그것보다 더 중요한 중장기 목표가 있는 사람들은 결코 넘어져도 주저앉아 있지 않습니다. 벌떡 일어납니다.

그런데 그것은 어른이 되었건 아이들이 되었건 똑같습니다. 자기의 꿈과 비전을 잘 발견하고 이것을 계획한 것들을 글로 써야 합니다. 카톡을 아무리 써봤자 변하지 않습니다. 꿈, 사명선언서, 비전선언문, 평생

계획표, 연간계획표, 월간계획표를 글로 써서 눈으로 볼 수 있도록 가지고 다녀야만 중독에서 벗어나고, 자존감을 찾고, 물질로부터 벗어날 수 있는데 그것을 하지 않기 때문에 그냥 대책이 없는 것입니다.

꿈과 비전을 갖는 것과 목표를 갖는 것이 얼마나 중요한지 알고 있기에 제가 한 학기 가르치다 보면 학생들의 반응이 아주 폭발적입니다. 꽤 많은 학생들이 꿈과 비전을 발견하고 인생의 중요한 포트폴리오를 만들기 시작하고 사명선언서를 쓰고 이러면서 무기력한 것에서 빠져나왔던 케이스가 수백 건 있습니다. 무기력함, 내지는 중독 이런 데서 빠져나오기 위해선 뭔가 대안을 줘야 한다고 생각합니다. 꿈과 비전을 심어주고, 독서를 하게 하는 것 등이 그것입니다. 그러나 독서 이건 더 심각합니다.

어느 대학교에서 강의를 했는데 저한테 소감문을 써줬어요. 대학교 3학년인데 자기가 대학교 3년 동안 책을 한 권도 안 봤대요. 그러면서 이 친구도 한번 해보겠다고 하더군요. 이게 우리나라 현실이죠. 책을 보지 않다 보니 경영학적인 마인드도 없을 뿐더러 자기에 대한 인식도 없고, 인물학적 사고도 없고, 생각하는 능력도 떨어져 창의적인 생각이 없습니다. 심지어 우리나라 학생들은 고등학교 때까지 100만 개의 문제를 푼다고 합니다. 100만 개의 문제엔 다 정답이 있습니다.

그런데 우리 사회는 정답이 없어요. 정답이 없는 사회에서 문제를 해결해야지 살아갈 수 있습니다. 어느 신입사원 면접에서 신입사원한테 면접관이 지금부터 한 시간을 줄 테니 밖에 나가 우리 그룹이 앞으로 10년 후에 먹고 살 항목을 찾아오라고 내보냈다고 합니다. 그때 일 등

한 친구가 자기 얼굴을 크게 찍어온 사람이었답니다. 사회에선 이미 정답이 없는 걸 요구하고 있습니다.

그래서 이런 정답이 없는 걸 해결하려면 끊임없이 책을 보고 머릿속에 많은 지식이 들어가 있어야 하는데 그런 게 없는 거죠. 세상에서 제일 무서운 게 책을 딱 한 권 읽은 사람이라는 이야기처럼 한 권만 읽은 사람하고 내 머릿속에 지식을 많이 가지고 있는 사람하고 비교가 되겠습니까? 무협지를 포함해서 우리나라 대학생들이 일 년에 보통 한 13~14권 정도 읽는다고 합니다.

그런데 하버드 학생들은 일 년에 전공 도서를 빼고 98권을 읽고 옥스퍼드 친구들은 일 년에 103권을 읽는다고 합니다. 통상적으로 세계최고급 학생들은 일 년에 100권 내외를 읽고 있는데 우리나라 학생들은 10권 내외를 읽고 있는 거예요. 10배 차이가 나는 거죠. 그게 누적되면 어마어마하게 차이가 나 극복할 수 없게 되는 것이지요.

Q : 시간 관리라든지 비전의 정확한 설정 이런 것들을 말씀해주셨는데, 그렇다면 이 말씀에서 중독에서 벗어날 수 있는 대안이 어떤 것이라고 생각하시는지요?

A : 결과적으로 인간은 굉장히 아날로그적입니다. 그래서 어떤 중독에서 벗어날 수 있는 방법은 디지털에서 균형을 잡는 거라고 생각합니다. 밖에 나가 운동을 한다든지 음악을 듣는다든지 아니면 미술 활동을 하는 것이 좋은 방법이라고 생각되는데 전 그런 쪽의 전문가는 아닙니다.

그런 쪽으로도 좋은 데이터가 많이 있는데 저는 그런 것을 포함해서 아주 중요한 것이 바로 독서라고 생각합니다. 책을 많이 읽고 꿈과 비전을 세워 목표를 관리하고 시간을 관리하는 것. 그래서 자기가 누군지 깨닫게 되고 그다음에 내가 얼마나 소중한 존재인지를 깨닫기 시작하면 자기를 함부로 여기지 않습니다.

자기의 사명선언문, 비전선언문, 평생계획표, 연간계획표, 월간계획표, 주간계획표를 충분히 작성하고 꾸준히 자기관리를 한다면 저는 얼마든지 위험에 빠질 위험이 줄어든다고 생각합니다.

Q : 부모님들에게 말씀해주신다면 어떤 것이 있을까요?

A : 우리 자녀들하고 상담하고 면담하다 보면 부모님으로부터 많은 상처를 가지고 있는 경우가 많습니다. 물론 저희 세대 때도 그랬겠지만 상처를 줄 뿐 아니라 엄마, 아빠 자체가 꿈과 비전이 없어요. 저는 성인교육도 하고 학생교육도 하고 있습니다. 성인교육에 가보면 성인 역시 99%가 꿈과 비전이 하나도 없습니다. 그러다 보니까 자녀들에게 비전을 심어 준다든지 보여줄게 없는 거예요.

거실을 서재로 만들라고 끊임없이 외칩니다. 가족이란 서로 마주하여 소통이 되어야 하는데 텔레비전이나 스마트폰만 봅니다. 자기가 얼마나 소중한 존재인지 모르고 자기 사명이 없으니까 되는대로 그냥 말초적인 감각들, 자극적인 것들 이런 것에만 빠져 살게 되는 거죠. 부모일수록 자기 꿈과 비전을 명확하게 갖고 그런 것들을 자녀들에게 보여주고, "아빠 꿈이 이런데 너도 한번 해볼래?", "엄마의 사명선언서가 있어. 너도 한번 해볼래?' 하고 말할 수 있어야 한다고 봅니다.

또 실제로 제 세미나에 오신 부모들은 대개가 나만 들을 게 아니라 우리 아이에게도 너무 중요하다' 싶어 반드시 자녀들을 데리고 옵니다. 그래서 제 세미나는 자녀와 부모가 함께 참여하게 됩니다. 꿈과 비전은 부모와 자식 간에 전수하기가 쉽지 않습니다. 필요하다면 이런 세미나의 도움을 통해서라도 자녀들한테 꿈과 비전을 반드시 심어 주셔야 합니다.

Q : 어차피 가정적인 문제라면 스스로 이겨내야 하지 않겠습니까? 그런 경우엔 어떻게 하면 좋을까요?

A : 사실 혼자서 중독이라든가 자기 정체성이 없는 부분에서 빠져 나온다는 건 쉽지 않습니다. 일단 멘토를 만나면 참 좋다고 생각됩니다. 어떻게든지 내가 멘토로 삼을 만한 사람이나 롤모델을 잘 만나는 것이 중요합니다. 시카고 대학은 노벨상을 85개를 받았을 정도로 노벨상의 왕국이라고 얘기합니다. 그렇게 되었던 계기가 로버트 호친스 총장님이 부임하여 모티머 애들러라고 하는 교수님의 컨설팅을 받으면서 고전읽기 100권을 시킵니다.

성경을 포함한 고전 100권을 읽지 않으면 졸업을 안 시키며 그 고전 100권 중에서 롤모델을 선정하게 하여 그 사람을 닮도록 했습니다. 그래서 노벨상이 85개나 쏟아져 나오는 계기가 되었지요. 그랬듯이 저는 자신의 롤모델이나 멘토를 만나는 게 참 중요하다고 생각하지만 현실적으로 아직은 어리다 보니까 누구를 찾아간다는 것이 쉽지 않으므로 책을 통해서 롤모델을 찾게 합니다. 책을 많이 읽고 독서를 많이 하는 것이 굉장히 중요한 계기가 된다고 생각합니다. 우리 주변에는 의외로 독서모임이 꽤 많이 있습니다.

저도 5년 전에 2~3명이 독서모임을 시작했는데 지금은 한 70~80명이 나옵니다. 새벽 6시 40분 매주 토요일에 모이는데 저희 이런 모임이 벌써 전국에 100여 개쯤 움직이고 있습니다. 저희 독서모임이 '나비'라는 이름으로 하고 있는데, '나로부터 비롯되는'의 약자입니다. 이제 저희는 예를 들어서 숭실대 나비, 인천대 나비, 인하대 나비, 혜천대 나비 이런 식으로 대학에서도 나비가 생기기 시작했습니다.

독서모임에 초등학생부터 60대까지 다양한 연령층이 있어 세대와 세대가 교류할 수 있고 다양한 직종에서 종사하는 분들과 특종 전문가, 취업준비생, 대학생 등으로 건강한 독서모임이라던가 토론하는 동아리 모임이 이루어지고 있습니다. '토스트마소주'라고 해서 미국에 100년 된 건강한 모임들이 있는데 그런 모임에서도 자기 이야기를 토론하면서 치유가 일어나고 회복이 일어나고 경우에 따라서는 굉장한 점프가 일어납니다. 그래서 저는 독서모임이라던가 멘토를 찾는 것이 굉장히 중요한 방법의 하나라고 생각합니다.

미션이란 말이 사명이라는 말인데 사실은 기독교 단어입니다. 지금 기독교학생들은 사명이 뭔지 모르고 있고 그래서 저는 그런 것을 회복시켜주는 역할을 합니다. 제가 세미나를 8시간, 9시간 하는 이유가 그런 것을 다 그 자리에서 해버리기 때문입니다. 워크숍을 해서 그걸 다 쓰게 만들어줍니다. 그렇지 않으면 집에 가서 안 하거든요. 부모와 몇십 년 있어도 절대 부모가 해본 적이 없어 못 가르쳐 주기 때문에 그 자리에서 그것을 다 경험하고 다 만들어서 가게 합니다.

■ 이상호 목사 (회복공동체)

Q : 중독이 무엇입니까?

A : 중독은 마치 자기를 잃어버리는 것과 똑같은 것 같아요. 내가 날 잃어버리는 거죠. 우리 모두가 완벽한 사랑가운데 자라질 못하잖아요. 그래서 나를 잃어버린 사람들이 그 사랑을 되찾고자 뭔가를 찾고 있는 것 같아요. 어쩌면 우리 모두는 각각의 종류가 다를 뿐 중독에 빠져 있는 사람과 같아요.

어떤 사람은 술을 마시거나 어떤 사람은 이성을 찾거나. 대부분 '중독'에 걸려도 자기는 중독에서 벗어날 수 있다고 생각하는데 한 번 중독에 걸리면 그것이 우리 안에 DNA속에 박혀 있는 것 같아 그것에서 벗어 날 수 있다고 하는 것은 자기 착각인 거 같아요.

'나는 이길 수 있어. 나는 오늘 술 안 마실 수 있어'라고 생각합니다. "목사님 제가 음란 비디오를 다신 안 볼게요." 말하면 "아니 넌 또 보게 될 거야. 너 안에 다시 긴장감이 올라오고 너 안에 사랑이 다시 빠져가고 그럴 때 다시 그것을 찾을 거야. 그런데 네가 그것을 찾을 수 있다는 그 사실에 대해서 너무 절망하지 마라. 너 그럴 수 있어."라고 이야기해요. 저도 역시 제가 술 가운데 중독가운데 많이 빠져 있을 때가 있었어요. 술을 마시고 죽으려고 애를 썼던 때가 있었고 예수님 믿고 그 후에는 모든 것에서 다 벗어난 줄 알았어요. 너무 기분 좋고 행복해서 '이게 진짜 새로운 사람이구나'라고 생각을 했는데 3년 뒤에 다시 술 마시고 누워 있는 저를 봤지요.

그렇게 강력한 체험을 하고 예수를 믿고 다 끊어졌다고 생각이 들었는데 그게 아닌 거죠. 여전히 내 안에 풀어지지 않았던 상처들이 긴장성이 많아지면 그 상처들이 올라와 다시 그 중독에 빠지고 싶은 유혹을 스스로 못 이기는 거예요.

나중에 깨달았던 것은 중독에 똑같이 빠져 있는 사람들끼리 함께 모여서 서로의 마음을 나누고 우리가 정말 그럴 수밖에 없었던 너무 연약한 사람이라는 것을 함께 나누고 삶을 나눌 때 놀랍게도 중독의 힘이 빠져가고 있는 것을 봤어요.

술을 처음 접했던 게 열다섯 살, 여섯 살인가 그 정도 된 거 같아요. 지금 말씀 드릴 수 있는 건, 십 년 동안 상담을 공부하고, 상담사역을 하고 제가 목회현장에 있으면서 내가 이렇게 중독에서 벗어났다라고 말은 하지만 술을 완전히 끊은 것은 아닌 거 같아요. 여전히 술 마실 수 있어요. 하지만 오늘 안 마실 뿐이에요. 그러면 어떻게 이길 수 있냐고 사람들이 물어봐요.

그것은 두 가진데 하나는 내 안에 있는 긴장성과 내 안에 사랑의 결핍에서 오는 아픔과 상처에 대해 누군가 내 말을 들어줄 사람이 필요하다는 거죠. 그래서 그 사람과 함께 내 마음을 나누고 그 마음을 알아줬을 때 그때 중독의 힘이 빠져가는 것을 느낄 수 있는 것 같아요.

그런데 그것이 다가 아닙니다. 왜냐하면 중독의 힘이 너무 크고 강력해요. 사실은 중독이 원래의 문제가 아니었어요. 원래의 문제는 사랑과 상처가 문제였어요. 그런데 그 상처를 해결하려고, 아픔을 해결하려고 선택했던 것이 술이었고, 또 다른 이런저런 것들이었어요.

그래서 처음에는 상처만 문제였는데, 이제는 중독된 내가 그 상처를 이기려고 술을 마셔 술이 문제가 되어버린 거예요. 중독이 마치 내 삶의 DNA속에 딱 박혀버린 거죠. 그것은 못 빼내요. 제가 그것이 너무 익숙해져 있기 때문에 여전히 제가 긴장성이 올라오고 상처가 올라오고 마음이 힘들고 괴롭고 그러면 다시 제가 예전의 기억들이 마음속에서 몸에서 느껴져 '술 한 잔 마셨으면 좋겠다.' 합니다.

제가 중독에서 벗어나서 중독자들을 도와주고 목회사역을 하지만, 술이 완전히 끊어졌다고 스스로 믿지 않는 거예요.

두 번째는 술이라고 하는 중독이 너무나 강력해 이 강력한 것보다 더 강력한 것을 만나야 이 중독의 힘이 제어가 되는 것 같아요. 제가 얼마나 많이 '술 안 마셔야지' 결단했는지 몰라요. 다짐하고 결심을 하고 결단을 해도 술을 마시고 있는 제 자신을 보는 거죠. 나중에 예수님께 제 자신을 저 이런 사람이라고 내가 이렇게 연약한 사람이라고 정직하게 내려놓았을 때 묘한 느낌을 받았어요.

그것은 예수님께서 예수님의 그 강력한 힘이 내 가운데 밀려들어오면서 내 안에 있는 그 중독의 모든 힘들을 누르는 걸 봤어요. 그래서 제가 중독을 이길 수 있는 힘이 바로 여기에 있다는 것을 깨닫게 되었습니다.

Q : 목사님은 청소년, 청년사역자 이신데, 현재 우리 예배 가운데 중독문제
는 어느 상태까지 와 있다고 보십니까?

A : 제가 교회사역을 하면서 또 중독에서 회복된 사람으로서 봤을 때
저분들이 정말 예수님을 찾고 있을까? 와서 기도할 때는 "주여"하
고 부르짖는데 정말 주님이 필요한 걸까? 주님의 그 강력한 임재와
힘을 통해서 정말 회복을 느끼는 걸까? 아니면 내가 내 힘을 가지고
기도하고 있을까? 생각해 봅니다.

많은 분들이 능력이 되시는 주님께 내 삶을 의탁을 하는 게 아니라
그 신앙마저도 이기고 싶어 하는 마치 술 마신 사람이 괴로우면 술
마시듯이, 괴로우니까 뭔가 종교의 힘을 빌리는 그런 분들을 보게
됩니다.

그래서 아무런 삶의 변화가 일어나지 않아요. 그걸 볼 때마다 안타
까운 마음이 들어요. 청년들을 봐도 그렇고 청소년들을 봐도 너무
나 교회에 중독자들이 많이 있는데 그 중독자들을 받아들이지 않아
요. 교회는 중독자가 오면 일단 그 사람들과 관계를 끊으려고 해요.
자기는 괜찮은 것처럼 굉장히 의롭게 생각하는데 제가 한 분 한 분
대화를 나누다 보면 그분들에게서도 중독의 모습을 발견합니다.

그때마다 제가 도와줄 마음으로 "이러이러한 부분들에서 좀 보셨으
면 좋겠습니다." 합니다. 근데 그분들 대부분 자기 자신의 모습을
발견하면 도망치는 거예요. 다 직면하고 싶어 하진 않는 거 같아요.
회피하고 그냥 종교라는 것 안에서 그들이 그렇게 부르짖는 거 같아
요. 그런 모습을 볼 때 저는 참 안타까운 마음이 들어요.

Q : 예배 안에서 스마트폰 때문에 집중하지 못하는 것들을 경험하십니까?

A : 교회에서 예배드릴 때 스마트폰을 만지지 못하게 하고, 또 성경을 읽을 때 스마트폰을 가지고 성경 찾지 못하게 합니다. 왜냐하면 이 스마트폰이라고 하는 것이 성경만 보게 하는 것이 아니라 예배시간에 네이버 한 서너 번 보고, 인터넷 검색하고, 카톡 보고 합니다. 하나님께 집중하지 못하는 거죠. 또 한 가지 앞에서 설교하고 있는 설교의 내용보다 차라리 스마트폰이 자길 더 알아주는 것 같다고 생각을 하고 관심을 갖습니다.

스마트폰을 만지면 마음이 평안해 하는 거죠. 마치 스마트폰이 어렸을 때 엄마의 젖을 먹는 것처럼 그렇게 스마트폰을 찾고 있는 것 같아요. 설교 말씀을 통해서 생명을 얻는 것이 아니라 스마트폰 안에서 더 그 생명력이 있다고 생각하는 것 같아요. 너무나 많이 중독되어버렸기 때문에 그것을 떼어 내서 하나님을 보게 하는 것이 참 어렵습니다.

그래서 스마트폰을 내려놓게 하고 아예 들고 오지 못하게 합니다. 아이들이 스마트폰에 중독되었기 때문에 사람을 똑바로 못 봐요. 시선을 고정하지 못하고 계속 움직이고 아니면 잠을 잔다거나 딴 짓을 한다거나 장난을 친다거나 하며 집중을 못하죠. 아이들의 이런 모습을 보면서 많이 주의를 주고 있습니다.

Q : 사람들은 대부분 중독을 멈출 수 있다고 생각하는데 만약 1년을 끊고 있었어도 다시 한다면 그것은 중독일까요?

A : 많은 사람들이 중독을 얘기할 때 아주 극심한 것을 생각해요. 술을 서너 병 마시거나, 열 병 정도 마시고 쓰러져 누워 있는 그런 걸 생각하거든요. 중독은 내 안에 긴장이 쌓이고 불안이 쌓이고 그랬을 때 내 안에서 강박관념적인 무언가를 찾는 거죠. 습관적으로 강박적으로 그것에 한번 익숙해지면 그것이 평생 갈 수 있습니다.

그래서 내가 그때에 술을 마시는 법을 배웠다면 계속 술을 마시는 거예요. 술을 다섯 병 마시든, 열 병을 마시든 내가 일 년 만에 마시는 술이라고 할지라도 강박증에 의해서 술을 한다면, 소주 한잔을 마셨다 하더라도 그것도 중독이라고 봅니다. 계속적으로 매번 일어난다고 해서 중독이라고 하는 것이 아니라, 내가 그런 강박적인 사고 가운데 나를 못 이길 때 내가 선택하는 그것이 중독이라고 하는 것입니다.

중독에서 중요한 것은 긴장성이에요. 사랑받고 있다고 할 때엔 긴장을 안 하거든요. 사랑을 잃어버릴수록 사람이 긴장성이 많아지게 됩니다. 그때 우리가 중독을 경험하게 되는 것이죠.

Q : 사람에게 가장 무서운 것은 무엇일까요? 내가 중독이라고 언제 느꼈습니까?

A : 어떤 목사님이 그런 얘길 하셨어요. 어떤 중독 회복 모임에서 어떤 목사의 성적인 스캔들 때문에 막 비난하는 자리가 있었어요. 그런데 노 목사님이 오셔서 그걸 바라보시다가 나중에 이런 말씀을 하셨어요.

"그 사람은 걸렸고, 니들은 안 걸렸고. 할 말 있어?"

그러니까 다들 그냥 들어갔던 적이 있었어요. 그때 자신이 스스로 찔리는 거죠. 우리가 다 중독의 모습인데 그걸 중독이라고 생각 안 하는 게 제일 무서운 거죠. 차라리 중독이 있다는 사실을 인정해 버리고 그것을 고백하면 그 중독의 힘이 빠지기 시작해요.

물론 그것을 완전히 제어시키는 것은 중독보다 더 큰 힘이 있어야 제어시킬 수 있겠지만요. 제가 상담을 공부하면서 두 가지에 깜짝 놀랐어요. 제가 중독자라는 사실을 인정할 수밖에 없다는 것이 제일 무섭고 놀라웠고요. 또 한 가지는 저뿐만 아니라 모든 사람들이 사실은 중독 가운데 빠져 있는 거예요. 범죄로 삶이 무너졌을 때만 우리가 그것을 중독이라고 이야기하지만 사실은 다 중독가운데 걸렸다는 것을 인정하지 않습니다.

Q : 우리나라의 이 시대 가장 심한 중독은 무엇이 있을까요?

A : 중독이 사랑의 결핍에서 나온 것이기 때문에 그 사랑을 채우려고 하거든요. 어떤 사람은 사랑을 채우려고 사람을 찾거나 아니면 물질을 찾거나 합니다. 하지만 그걸 내가 채운다고 해서 채워지지 않는 데 문제가 있죠. 마치 목마르면 물을 마셔야 하는데 모래를 쏟아 부어 놓고 그것이 채워졌다고 착각을 하는 거예요. 그것이 어떤 사람은 사람을 통해서 술을 통해서 채우려고 하지요. 그런데 사람들이 술을 마시건 폭력을 행사하건 사회에서 왕따가 되어 더 사랑의 결핍을 느낄 수 있어요.

그러면 사랑의 결핍을 안 느끼면서 그걸 자기가 중독에 빠질 수 있는 가장 좋은 비결이 음란이에요. 그래서 포르노를 보는 거예요. 그걸 보면서(포르노물) 긴장성을 풀어가고, 거기서 사랑을 얻으려고 하는 것입니다. 그런데 무서운 것은 혼자 있을 때 그때 제일 무서운 거 같아요.

「남자가 사랑할 때」라고 하는 영화가 있어요. 맥 라이언이 주인공으로 알코올중독자로 나옵니다. 그 영화에서 맥라이언이 술중독에서 벗어났다고 이야기하지만 사실은 그 센터에서 맥 라이언이 담배를 피기 시작해요. 니코틴 중독으로 오히려 빠지는 거죠. 계속 담배를 피워요. 많은 사람들이 하나의 중독에서 빠져나오기 위해 또 다른 중독을 찾습니다.

우리는 그것을 매니아라고 불러요. 중독에서 벗어나는 것이 아니라 중독에서 다른 중독으로 옮기는 거죠. 술을 안 마셨다고 해서 술 중독에서 끊어진 게 아닙니다. 술중독에 있는 사람이 일중독으로 가거나 사랑중독으로 가요. 술중독에서 나와 다른 매니아에 빠져 거기에 미치는 거죠. 자기는 술중독에서 끊어졌다고 하지만, 사실은 끊어진 게 아닌 것입니다.

Q : 중독을 치유하기 위한 국가만의 정책이 있는데 치유되지 않습니다. 그러나 엘리엇 테퍼의 BETEL은 치유가 됩니다. 예수님을 만나야만 치료가 되는 것에 동의하나요?

A : 중독에서 회복될 수 있었던 것은 제가 믿었던 예수님이 어떤 분인

가를 진짜 알았을 때였어요. 저희 집은 삼대째 믿음의 집안입니다. 그래서 교회를 잘 알고 익숙해져 있고, 예수님에 대한 이야기를 많이 들었지만, 그분과 내가 개인적으로 일대일의 인격적인 만남이 없었어요. 나를 사랑하시며 내가 어떤 존재인가를 예수님이 말씀해 주셨을 때 제가 한동안 많이 부인했어요. 제가 중독을 끊을 수 없었던 것은 내가 누구인지 몰랐기 때문입니다.

왜냐하면 나라는 존재는 너무나 상처가 많고, 깨져 있고, 불완전하고 그래서 그것을 이겨내려고 술을 마셔야만 하는 그게 저였어요. 그런데 예수님은 끊임없이 너를 사랑한다는 것이고 네가 참 귀한 존재라고 내가 너를 너무나 귀하게 본다는 거예요. 제가 그걸 믿지 않았어요.

그런데 어느 순간 정말 그분이 날 사랑하신단 사실을 깨닫게 됐어요. 내가 귀한 존재라는 것을 알게 된 거죠. 참 놀라운 것은 그 전에는 내가 뭔가에 갈등을 겪고 긴장성이 오고 사랑의 결핍이 느껴지면 술을 마시거나 중독성을 찾았다고 한다면 예수님의 사랑이 내 안에 밀려들어온 그 순간 이후부터 긴장하기보다는 예수님을 찾고 있는 제 자신을 발견하게 됐어요. 그러면서 또 한 가지 그분의 사랑이 내게 밀려오는데 내가 찾고 있었던 생수라는 게 그런 거라는 생각이 들었어요.

요한복음 4장에서 사마리아 여인이 예수님 안에서 회복되는 장면들이 나오잖아요. 생수의 근원을 주신다고 말씀하시거든요. 제가 그 말씀을 잊고 있다가 예수님을 만난 다음에 생수의 근원이 있다는 것을 알게 됐어요. 중독에서 벗어나는 것은 아름다운 선택이라고 생각했어요. 제가 예수님을 만난 뒤로 중독에서 벗어날 수 있었던 것은 성령을 마셨던 거예요. "술 취하지 말라 이는 방탕한 것이니 성령을 취하라" 라는 말씀이 어떤 것인지 깨닫게 됐어요.

주 앞에 나가 성령을 마시기 시작한 후부터 내 안에 부족했던 그 갈급했던 사랑의 결핍들이 자연적으로 확 채워져 버리는 것을 발견하게 됐어요.

한 가지만 얘기하자면 제가 상담을 공부하면서 서울에서 대구로 다시 내려가기 위해 서울역에서 마지막 기차를 타러 가고 있었어요. 서울역 앞 포장마차를 지나가는데 제가 그때 많이 힘들었어요. 어떤 사람이 소주 한잔을 탁 마시는 그 순간 그것이 내 목에 같이 넘어가는 거예요.

그분을 보면서 술을 다시 마시고 싶은 욕구가 확 올라왔어요. 그때 제가 두 가지를 깨달았어요. '아 나는 아직 술을 끊은 게 안이라 지금 안 마실 뿐이구나.' 그다음부터는 "나 술 완전히 끊었어" 라고 말하지 않아요.

오늘 안 마실 뿐이에요. 그리고 내일도 안 마실 뿐이구요. 대신 제가 성령을 마시는 거예요. 성령에 취하도록 내가 그 앞에 기도하는 거예요. 중독의 힘보다 더 센 힘 그 예수님 앞에 엎드렸을 때 중독에서 회복되는 것을 제가 경험하게 됐어요.

그 포장마차 앞에서 술 마시고 싶어 했던 욕구가 있었다고 했잖아요. 그런데 제가 그것을 경험하고 회복하고 넘어갔는데 그건 제 안에 숨겨진 죄가 된 것 같아요. 그 포장마차가 자꾸 생각이 나는 거예요. 힘들고 어려우면 그 포장마차 같은 곳에 가서 한잔해볼까 하는 생각이 드는 거예요. 그래서 결단을 내려야만 했어요. 내 속에 마음의 죄에게 창피를 주자. 그래서 제가 청년예배 때 "서울역 앞에서 포장마차에서 어떤 사람이 술을 마시는 것을 보면서 내가 그렇게 그 한잔이 마시고 싶더라" 고백했어요.

우리 청년들이 막 웃더라고요. 너희는 웃지만 나는 사실 그때 힘들었다고 고백을 하고 너희도 그러고 싶지 않냐고 물었습니다. 신앙의 이름으로 우리 가리지 말자, 신앙의 이름으로 우리 덮어버리지 말자, 솔직하게 이야기하자. 너희들 밤마다 포르노물 보고 인터넷 보고 음란한 것 보고 모든 코드가 다 섹시인데 너희들 그거 좋아하지 않니. 너희가 술만 안 마실 뿐이지 우리 솔직하게 하나님 앞에 이야기 해보자.

그래서 그날 같이 기도하면서 생수의 근원 되시는 예수님 앞에 내 안에 그동안 마셔왔던 것들을 하나씩 내려놓고 하나님 내 안에 회복이 있게 해달라고 고백했고 하나님 앞에서 회복되어가는 그 사람들을 보고 많은 친구들이 저한테 왔어요. "목사님 저 또 술 마셨어요. 저 또 담배 피웠어요." 그때 전 혼내지 않았어요. "너 그럴 수 있어. 괜찮아. 하나님은 널 포기하지 않으셔. 그러니까 너도 포기하지 마. 또 마시더라도 내가 너한테 꼭 권고해주고 싶은 건 마시는 그 순간 예수님을 찾아. 그럼 그 중독의 힘보다 더 강력하신 예수님의 힘이 너의 인생가운데 들어오셔서 너의 마음을 사로잡아 주실거야. 네가 술을 마시는 그 순간이래도 엎드려 기도했으면 좋겠다. 나 좀 고쳐달라고 나 좀 회복하게 해달라고 그러면 그 순간들 가운데 네가 점점 회복되어가는 것을 보게 될 거야' 라고 이야기합니다. 중독은 영원한 거예요. 그냥 몸에 박혀버리는 거예요. 예수 믿는다고 해서 중독에서 벗어났다고 하는 것은 다 거짓말이에요.

간증하신 분들 중 "제가 옛날에 술중독 등 이런저런 중독이 있었는데 제가 다 회복됐습니다. 완전히 끝났습니다." 하고 고백하는 것이 두려워요. 왜냐하면 끝나지 않았다는 사실을 제가 알기 때문에 그분이 또 저러다 무너질까 두려운 거죠. 중독은 그냥 오늘 하루 내가 안 할 뿐이기 때문에 나보다 더 전능하신 그 하나님 앞에 엎드려서 내가 그분을 의지해야 하는 것입니다.

한 가지만 더 말씀드리자면 중독을 이기는 가장 좋은 모델이 있어요. 모세에요. 모세가 2~300만 명을 끌고 이스라엘을 갈 때 얼마나 많은 사람들이 불평하고 비난하고 정죄했습니까? 제가 목회자가 되어 보니까 그게 얼마나 스트레스가 되는지 모릅니다.

그래서 '많은 스트레스와 밀려오는 긴장감과 상처를 어떻게 풀었을까' 성경을 통해서 보니 모세가 그럴 때마다 성막 앞에 엎드려 하나님 앞에 다 고자질했더라고요. 다윗도 하나님 앞에서 제일 잘하는 말 중에 하나가 "어느 때까지 이니이까" 입니다.

다윗이 어느 때까지입니까? 했을 때 하나님께서 사람을 붙여주시고 하나님이 하나님의 일을 해나가시더라구요. 사실 다윗이 한 게 별로 없어요. 하나님이 붙여주시고, 하나님이 알게 하시고, 다윗은 그냥 하나님이 주신 위로 가운데 순종했을 뿐입니다.

Ⅳ BETEL 공동체

- BETEL 공동체에 대하여 (권오중과 윤소영의 대화)

- BETEL의 10가지 특징 (엘리엇 테퍼 인터뷰)

- 엘리엇 테퍼의 속마음

- BETEL에서의 2가지 이야기 (삽화)

BETEL 공동체에 대하여

■ 권오중과 윤소영의 대화

윤소영 선교사(39세)는 현재 영국 버밍엄에서 BETEL을 섬기고 있는 선교사이다. 그녀는 영국으로 떠나기 전 BETEL에 대하여 우리에게 상세히 설명해 주었다. 아래의 내용은 BETEL에 대하여 배우 권오중 씨와 대담한 내용이다. BETEL을 이해하는 데 큰 도움을 받을 수 있다.

권오중 : 'BETEL은 사람이 사람을 상담할 수 없다.' 이런 기본적인 생각이 있다고 하셨습니다. 그리고 약물중독은 또 다른 약물중독을 반드시 가지고 올 수 있다는 말씀을 해주셨어요. 그래서 BETEL 사역에 대해서 설명을 듣고 싶습니다.

윤소영 선교사 : BETEL의 기본적인 마인드를 말씀하시는 건가요, 아니면 전체적으로 베텔이 어떤 곳이라는 것에 대해 설명을 듣고 싶은 건가요?

권오중 : 저처럼 BETEL이 무엇인지 모르시는 분들을 위해 설명해 주셨으면 좋겠습니다.

윤소영 선교사 : BETEL이란 원래 성경에서 말하는 벧엘이라고 해서 스페인어로 BETEL입니다. '하나님의 집' 이란 뜻이고 이 BETEL 사역은 WEC에서는 특수사역으로 간주되고 있습니다. 특수사역이라 함은 보통 약물 중독자들뿐만 아니라 거리에 모든 대다수의 사람들 그리고 알코올중독자와 성 중독자 등 모든 중독자들을 갱생시키고 그리고 갱생에서 끝나는 것이 아니라 그들을 변화시켜서 교회개척을 이루는 데 목적을 두고 있습니다.

권오중 : 거리 사람들이란 노숙자 이런 분들을 이야기하시는 건가요?

윤소영 선교사 : 네

권오중 : 그럼 BETEL이 사역하고 있는 나라가 지금 얼마나 되나요?

윤소영 선교사 : 아주 많은데 97년도 자료에는 한 열두 군데로 알고 있는데 이후로는 굉장히 많은 걸로 알고 있습니다. 지역마다 있고요. 나라별로 예를 들어 영국에서도 영국 안에 버밍엄에 본부를 두고 있지만 현재 WEC에서는 한 70% 정도는 독립적인 사역으로 하는 경향이 있습니다.

권오중 : 그럼 BETEL을 WEC에서 처음 만드신 건가요?

윤소영 선교사 : 예. WEC 소속의 미국인 선교사님이 스페인으로 청소년과 청년사역을 하러 넘어가셨는데 그 사역에 관해 고민하고 기도하던 중 길거리에서 만난 중독자에 대한 긍휼한 마음이 들어 그분들을 픽업해서 집으로 데려가 함께 공동체 생활을 하면

서 시작되었습니다.

권오중 : 그게 1983년도 에기의 집에서 시작한 거죠?

윤소영 선교사 : 네

권오중 : 그럼 스페인이 가장 먼저 시작한 거네요?

윤소영 선교사 : 그렇습니다.

권오중 : BETEL 사역의 핵심이라고 해야 하나, 어떤 기본적인 가치라고 해야 할까, 가치이념 이런 게 있나요? 아까 말씀드린 '사람이 사람을 상담할 수 없다' 이런 것들이 BETEL의 특징인가요?

윤소영 선교사 : 네. 그렇습니다.

권오중 : 그런 부분이 BETEL이 가지고 있는 사역의 핵심가치, 가치관이네요?

윤소영 선교사 : 네. 사역자들에게는 사랑과 끈기가 절실합니다. 일반적으로 이야기하는 하나님의 사랑은 외향적이지 않고 예수 그리스도가 십자가에 못 박혀 죽으시면서까지 우리를 살리신 그 사랑이라 사실은 단어처럼 쉽지 않은 거 같아요. 그들이 갱생되는 것에서 그치는 게 아니라 한 교회 개척자로 사역자로 리더십으로 서기 위해서는 일이 년이라는 짧은 시간이 걸리는 것이 아닙니다. 왜냐면 오랜 세월동안 중독자의 삶을 살아왔기 때문에 그리고 역기능적인 가정환경과 사회의 전반적으로 소외된 계층이었기 때문에 그들의 어떤 생각이나 생활방식은 여러 면에서 함께할 수 있는 부분들이 굉장히 적어요. 특수사역은 장기적인 사역일 수 있습니다. BETEL 사역도 그저 일 년 혹은 인격적으로 하나

님 만나서 리더십으로 세워지는 것이 아니라 길게는 오 년, 십 년, 평생 이렇게 더불어서 그들의 변화를 같이 경험하고 그 안에서 하나님을 찾아가고 또 어긋나는 부분들이 있으면 토닥거리는 것이기 때문에 사랑이 굉장히 중요하고 끈기가 필요합니다.

그래서 사실은 15%라는 큰 변화율은 있지만 실질적으로는 리더십으로 세워져도 한 오 년 있다가 세상의 유혹을 못 이기고 나가 다시 약을 한다든지 하는 케이스도 많아요. 그렇기 때문에 사역자들에게 오는 절망감, 좌절감이 큽니다. 사역자들에게는 사랑과 끈기가 가장 필요하고 그런 진정한 모습을 통해서 모델화되어 저희는 BETELRITO라고 하거든요. BETELRITO들 또한 그런 모습으로 함께 예수 그리스도의 형성을 닮아가는 것이 기본 가치입니다.

권오중 : 그럼 15%가 변했으면 나머지 85%는 어떻게 되죠?

윤소영 선교사 : 왔다 갔다 할 수 있는 유동성 있는 사람들입니다.

권오중 : 들어왔다 나가시는 분들은 관계성이 없겠네요?

윤소영 선교사 : 그렇죠. 하루 있다가 나가기도 하고, 일주일 있다 나가기도 하며, 한 달 있다 나가기도 합니다.

권오중 : 한 달 정도 있었는데 나가시면 정말 허무하시겠어요.

윤소영 선교사 : 그래서 사역자들은 마음 추스르기가 중요해요. 왜냐면 진정한 사랑이라는 게 어떻게 보면 인간들의 사랑이기 때문에 쌍방 간의 사랑이기도 합니다.

그래서 BETEL에 들어온 BETELRITO에게 온 마음을 다해서 이 사람의 어떤 변화를 기대하고 모든 것을 다줬는데 한 달 있다가 나가게 되면 마음에 상처가 오고 마음의 문을 닫을 수 있는 상황들이 많이 오죠. 그래서 그런 것들은 사역자들에게는 많이 경계해야 되는 부분이라고 들었어요.

권오중 : 그러면 15% 중에서도 또다시 나가는 경우도 있겠네요?

윤소영 선교사 : 네. 그럴 가능성이 있죠.

권오중 : 그럼 아까 교회개척이라고 그러셨는데, 교회개척하신 분들도 계십니까?

윤소영 선교사 : 저희는 BETELRITO들에게는 따로 a교회, b교회를 세우는 것이 아니라 BETEL안에 교회를 따로 세워요. 왜냐하면 이분들이 사회에서 제 기능을 할 수 있도록 저희가 어떤 사역들을 시도하고 도모하기도 하지만 그들과 똑같은 삶을 살고 똑같은 경험을 한 사람들을 변화시키는 작업들을 그들을 통해서 하는 것이기 때문에 BETEL안에 BETEL이라는 교회가 따로 있어요. 물론 이분들은 프로그램 안에 있을 때는 밖에 나가기는 어렵고 대신 외부사람들, 지역사람들이 함께 예배드릴 수 있는 분위기는 되죠. 그래서 일부지역의 주민들이나 가족들이 거기서 예배드리기도 해요.

권오중 : 궁금한데, 그 당사자는 중독자라도 가족들은 그렇지 않잖아요. 가족과 분리시켜서 들어오시는 거잖아요. 그러면 가족들이 반대하진 않겠지만 정말 그 가족에 대한 그리움 때문에 나가시는 분들도 있지 않을까요?

윤소영 선교사 : 일차적인 요인은 이분들이 거리를 선택한 이유는 가족이나 사회가 버렸기 때문에 이들이 밖으로 나올 수밖에 없다 보니 가족들 하고의 유대관계는 그다지 많지 않죠. 오히려 가족들은 기뻐해주고 좋아해주죠. 또 어떤 면에서는 저 사람에게 BETEL이 어떻게 보면 마지막 종착지가 될 수 있습니다.

여러 치료센터가 많아요. 유료도 많고 기독교 센터도 많은데 BETEL이라는 이 센터 자체는 다른 곳하고 조금 특수한 면이 있어요. 그러기 때문에 의심 반 진정성 반으로 "그래 한번 가봐." 이런 가정도 있고, 아예 연락이 안 되다 BETEL에 와서 가족들하고 연락이 되는 분들도 많습니다. 그분들의 마음은 항상 사랑받고, 인정받고, 가족에 대한 마음, 지역사회나 주변인들에 대한 마음이 많은데 주변에서는 그렇지 않죠. 약을 하면 범죄율이 높아지다 보니 소위 말해서 사회악으로 간주 될 수 있는 계층들이에요. 소외된 계층들이죠.

권오중 : 약물이나 알코올 중독자들도 돈이 필요하잖아요. 그분들은 돈이 없는데 돈 마련은 어떻게 하나요?

윤소영 선교사 : 그래서 범죄를 하게 되죠.

권오중 : 매춘, 이런 식으로도요?

윤소영 선교사 : 여성의 경우에는 매춘을 하게 되고, 남성의 경우에는 강도나 폭행 등을 많이 하죠. 제가 알고 있기로는 영국이 유럽에서 약을 수출입하는 국가 일 위입니다. 그런데 문제는 범죄율도 그에 대비해서 똑같이 증가하고 있어요. 보통 범죄증가율의 평

균연령을 보면 14세에서 15세입니다. 그런 결과를 보면 '약을 하고 있는 연령층이 낮아지고 있다.' 라는 설명이기도 합니다. 굉장히 심각합니다.

권오중 : 정신적 문제이기도 하지만 매춘도 하게 되고 외부적으로 몸에 손상도 많이 갖게 되고 혹은 에이즈 같은 병에 놓이게 되지 않을까요?

윤소영 선교사 : 네. 예를 들어서 아픈 분들이나 에이즈 같은 문제를 가지고 있는 분들은 저희가 처음에 조사를 한다거나 아니면 배경을 확인하기 때문에 시스템 안에서 노출이 됩니다. 그리고 케어를 하는데 있어서 전문적인 케어가 필요한 분들은 저희가 다른 단체나 필요한 곳으로 보내는 걸로 알고 있습니다. 그러나 대부분 그 안에서 해결하는 걸로 압니다.

권오중 : 영국이 유럽에서 제일 많이 약을 수입한다면 그걸로 인해서 범죄율이 현재 영국에서 제일 높을 수 있겠네요?

윤소영 선교사 : 네. 증가하고 있습니다.

권오중 : 단체에 입소하게 되면 금단현상 같은 여러 가지 일들이 있잖아요?

윤소영 선교사 : 입소하기 전까지 굉장히 쉽지 않은 과정을 거쳐요. 일단은 입소를 하게 되면 몇몇 리더들과 함께 신체 조사를 하기 때문에 저희들 보는 앞에서 옷을 벗어야 됩니다. 그리고 저희가 몸을 수색이라고나 할까 단어가 좀 그런데 수색을 하게 됩니다.

권오중 : 혹시 숨긴 마약 같은 게 있을지도 모르기 때문인가요?

윤소영 선교사 : 네, 그렇죠. 아니면 위험한 도구들을 가지고 올 수도 있기 때문에 저희가 조사를 합니다. 그리고 샤워를 시킨 다음 깨끗한 옷으로 갈아 입히면 그 이후엔 모든 시스템의 관리하에 생활하게 됩니다. 보통 금단현상이라 하면 약을 중단했을 때 담배도 그렇지만 그 이후로 발생하는 현상인데요. 기간이 개인마다 틀립니다. 그래서 일주일 동안 금단현상이 있는 사람이 있는가 하면 한 달 정도 금단현상을 가지고 가는 분들도 있어요. 저희가 아까 말씀드렸다시피 다른 치료센터나 단체에 비해서 약이나 상담을 사용하고 있지 않기 때문에 이 금단현상이 굉장히 심할 수 있어요. 어떤 분들은 부르르 떤다든지 아니면 한 발짝도 못 움직일 만큼 시야가 안 보인다든지, 환청이나 환각 그런 증상들도 있습니다. 일단 이분들이 새롭게 입소를 하게 되면 기본적으로 2주는 대문 밖을 나갈 수 없습니다.

권오중 : 그러면 2주 후부터는 자율적으로 나갈 수 있나요?

윤소영 선교사 : 아니요. 그룹으로 나가지 않은 이상 그다음부터도 못나갑니다. 왜냐면 영국 같은 경우에는 정부의 보조를 받지 않기 때문에 자체적으로 중고가구나 정원을 가꿔준다던지 하는 식으로 여러 가지 저희가 하는 일들이 있어요. 그래서 그룹이란 그런일에 투입이 된다는 의미입니다. 처음 2주 동안에는 이분들 머릿속에는 약에 대한 생각이 있기 때문에 일부러 몸을 좀 피곤하게 만들어요. 그래서 늘 했던 일이지만 싱글하우스 같은 경우에는 4층 정도 되는데 1층에서부터 4층까지 청소를 하게 하고 그

다음에 집안일을 하게 하기도 하며 일을 나간 사람들의 밥을 차려준다거나 해서 낮잠을 잘 수 없게 한다든지 하는 식으로 관리하며 생활하고 있습니다.

권오중 : 그런데 금단현상 중에서 되게 포악해지는 분도 계시잖아요. 그런 경우에는 굉장히 위험할 수 있겠어요?

윤소영 선교사 : 위험하죠. 일단 금단현상에 들어가면 이분들이 언제 그런 현상이 나올지 정확히 모릅니다. 대부분 잠자는 밤에 많이 일어나요. 낮에는 예를 들어서 일을 한다든지 무언가에 집중하기 때문에 그다지 흔하진 않은 것 같습니다. 근데 저녁식사가 끝나고 나서 잠자리에 들어 갈 때쯤이나 아니면 좀 노곤해질 때나 한가해질 때 즈음 이런 현상들이 일어나기 시작하는데 그것을 방지하기 위해서 예전에 BETELRITO이셨던 하우스 안에 리더들이나 아니면 사역자들, 저 같은 사역자들이 24시간 늘 같이 있습니다. 그리고 모든 방과 화장실까지도 잠금장치가 안 되어 있어요. 언제, 뭘 할지 모르기 때문입니다. 이분들이 왔을 때에는 화장실도 같이 가야 해요. 방종의 삶을 살았던 분들이기 때문에 그런 것들이 굉장히 부담스럽고 힘들어 바로 나가시는 분들도 있지만 그런 과정이 지나면 조금씩 회복되는 분위기는 있어요.

권오중 : 그런데 그분들이 신앙이 있던 분들은 아니잖아요?

윤소영 선교사 : 네, 그렇죠.

권오중 : 그러면 그분들한테 신앙도 교육해야 되는데, 그런 신앙에 대한 프로그램도 있나요?

윤소영 선교사 : 많이 있습니다. BETEL의 기본 마인드 중 하나가 강제 성이 없는 거예요. 일부 타 단체들은 강제성이 많이 있는 것 같 아요. BETEL은 '하나님을 믿어라, 아니면 인생이 어떻다.' 이 런 상담이나 복음에 대한 강제성은 없어요. 대신에 자율적으로 본인이 결정하고 들어왔기 때문에 최소한의 시스템을 유지하기 위해 너희들이 제도를 따라야 된다고 하지요. 그중에 하나가 아 침에 같이 성경 묵상하고, 금요일에는 금요예배에 참석하고, 주 일은 주일 예배를 드리게 합니다. 이분들이 처음에는 반감을 가 져요. 그래서 나가신 분들도 있긴 하지만 보통 처음에 입소한 분 들의 궁금증은 '저 사람도 나와 같은 삶을 살았는데 어떻게 저렇 게 달라졌을까, 어떻게 저렇게 행복한 얼굴이 되고, 근심이 없는 얼굴일까!' 하는 생각부터 시작하는 것 같아요.

권오중 : 좀 나아지신 분들을 말씀하시는 건가요?

윤소영 선교사 : 네

권오중 : 그분들을 X_BETELRITO라고 하는 거군요.

윤소영 선교사 : 그분들이 케어 하기 때문에 당연히 그분들이 이제 모델 이 되는 거죠.

권오중 : 들어오면 선배니까?

윤소영 선교사 : 네. 보통 그들은 "너희들이 약을 해 봤냐, 너희들이 인 생을 아느냐" 하는 식이라 그분들은 저희를 우습게 알아요.

권오중 : "니들이 금단 겪어봤어" 하는 것 아닙니까?

윤소영 선교사 : 사실은 저희보다 말씀을 더 많이 알아요. 우리는 명함

도 못 내밀어요. 왜냐면 늘 언제나 말씀으로 살기 때문에 저희는 그냥 리더 되는 분들에게 성경공부를 한다든지 제자화시키는 것이고 사실은 프로그램에 있는 분들, 금단현상을 지나치고 리더십이 되기까지 케어 하는 것은 X_BETELRITO들이 합니다.

권오중 : 그분들의 역할이 매우 중요하겠네요.

윤소영 선교사 : 네. 그렇죠.

권오중 : 그런 분들이 그곳에 몇 명 정도 계시나요?

윤소영 선교사 : 아주 많은데 여성분들 같은 경우에는 잘 안 오세요. 그래서 영국의 경우엔 영국 버밍엄본부에 싱글하우스가 있는데 거기는 기본이 많으면 20명, 적으면 한 16명 정도 됩니다. 대신에 남자숙소 같은 경우에는 육칠십 명 되는데 본부만 그렇고 지부 같은 경우엔 다 따지면 백오십 명 정도, 여성들은 한 오십 명 안팎입니다.

권오중 : 한 명 당 몇 명 정도를 케어 하나요?

윤소영 선교사 : 한 명당 한 명 이렇게 맨투맨으로 케어 하는 건 아니고요. 일단은 들어가게 되면 열여섯 명이 있으면 그 책임자가 되는 X_BETELRITO들은 보통 여섯 명 아니면 다섯 명입니다. 그러니까 하우스 리더, 하우스 부리더, 거주자. 그래서 그때그때마다 상황과 사람에 따라 달라요.

권오중 : 그러면 그 들어오신 분 중에도 가정적인 문제가 생겨서 중독이 되었으니 부부가 함께 올 수 있겠네요? 부부가 들어오시면 어떻게 되는 건가요?

윤소영 선교사 : 만약에 두 분 다 중독자의 삶을 살았다하셔도 같이 공동체 생활을 하는 건 아니고 여성분은 여성분 쪽으로, 남성분은 남성들이 있는 곳으로 가게 됩니다.

권오중 : 같은 건물에 있는데 성별로 구분되어 있는 건가요?

윤소영 선교사 : 아니요. 다른 지역입니다.

권오중 : 아, 지역자체가 다르군요.

윤소영 선교사 : 예, 그래서 같은 시 안에 있지만 따로 쫌 떨어져 있어요. 그래서 예배드릴 때 한 번씩 만나고 아니면 한 달에 한두 번 정도 전체적으로 버밍엄뿐만 아니라 영국 안에 있는 BETEL의 모든 지부가 만나서 같이 예배드리는 그런 때나 전체적으로 모이는 금요일, 그때 만나게 됩니다.

권오중 : 그러면 부부가 같이 들어왔는데 한 명은 중간에 나가버리고 한 명은 고침을 받을 수 있는 경우도 있겠어요?

윤소영 선교사 : 그런데 보통 BETEL을 경험한 분들은 회개본능이라고 해도 될지 모르겠으나 다시 BETEL안으로 들어오시는 것 같아요. 왜냐면 BETEL에서 받았던 사랑이나 본인을 인정해준다는 느낌을 경험했잖아요. 사회에선 어느 누구도 인정하지 않는 그런 환경 속에서 방치되어 있다가 BETEL안에서의 받는 특수함들 때문에 나가서 물론 들어오지 않는 분들도 있지만, 시간은 걸려도 대부분 많이 돌아오는 것 같아요.

권오중 : 대부분이 그분들이 스스로 들어온 게 아니고, 거리에 계신 분들을 데려오시잖아요. 그러면 그분들을 들어오게끔 하는 행동들

이 있나요?

윤소영 선교사 : 최근에 몇 년 안 됐는데, 수요일마다 저녁에 저희가 노방전도를 나가거든요. 버밍햄 센트럴에 있는 곳인데, 약을 많이 하는 분들이 모이세요.

권오중 : 매우 위험할 것 같은데요?

윤소영 선교사 : 위험하지 않아요. 그분들은 의외로 순수하시고 사랑스러우세요. 그분들하고 같이 예배드리는 목적은 예배드리는 것 자체가 의미가 있는 게 아니고 한 끼라도 식사 대접하고 한 번이라도 복음을 들을 수 있는 기회를 전해 주는 겁니다.

권오중 : 노방전도하면서 먹을 것도 주시는군요?

윤소영 선교사 : 당연하죠.

권오중 : 아, 사업과 복음을 같이하시는구나!

윤소영 선교사 : 네. 그래서 그렇게 한 다음 좀 더 관심이 있는 분들은 저희가 같이 이야기를 하고 사역자들이 개별적으로 연락을 해서 그날 온다고 결정하는 분들도 더러 있으세요. 그래서 숙소까지 왔다가 담배를 하면 안 된다는 규칙에 그냥 돌아가시는 분들도 있습니다.

권오중 : 아, 오자마자요?

윤소영 선교사 : 네. 입소하지 않겠다는 분들도 있고 다양해요.

권오중 : 아이들 같은 경우는 어때요? 마약을 하거나 중독에 빠진 아이들도 많이 있나요?

윤소영 선교사 : 평균적으로는 영국은 많은 편이죠. 그런데 이제

BETEL에 들어오는 분들은 여자 숙소 같은 경우에는 16살, 17살도 있습니다. 왜냐하면 그 어린친구들이 BETEL에 대해서 듣고 오는 겁니다.

권오중 : 아, 본인이요? 그럼 더 어린 아이들도 거리에서 발견이 되나요?

윤소영 선교사 : 흔하지 않아요. 왜냐면 어쨌든 아이들은 법적으로 보호장치가 일단 되어 있어요. 깨어진 환경이라 할지라도 자기 가정이 있든지 아니면 보호감호소라 하는 그런 쪽에서 케어가 되기 때문에 아이들의 사역보다는 성인들의 사역에 집중되어 있습니다.

권오중 : 그럼 BETEL이 정부하고도 공유되어 있나요? 그러면 만약에 부부는 왔어요. 그런데 아이가 있을 수 있잖아요. 그럴 때는 어떻게 되는 건가요?

윤소영 선교사 : 예를 들어 젖 떼지 않은 아이들 같은 경우에는 저희가 같이 케어 합니다.

권오중 : 그렇군요. 그러면 젖먹이 말고 초등학생 정도라든가 중학생 정도는요?

윤소영 선교사 : 만약에 가족들이 케어 할 수 있으면 같이 들어오진 못해요. 그런 아이들은 아버지든지 아니면 친척들이 있으면 어머니만 들어오고 아이들은 같이 들어올 수 있는 곳은 아니에요.

권오중 : 네. 어떻게 보면 국가적으로 BETEL 사역이 굉장히 의미 있는 사역이잖아요. 마약이나 알코올이라든가 성 중독. 이런데서 갱생

하게끔 해주는 시스템인데 국가에서 뭔가 도움을 줘야 하는 것이 사실 맞는데 국가에서는 그렇게 크게 도움을 주지 않습니까?

윤소영 선교사 : 그랬으면 좋겠는데 아직까지는 정부보조를 받고 있진 않고 대신에 저희가 모든 먹는 것, 입는 것 기타 등등은 후원을 많이 받아요. 그래서 저희는 날짜지난 음식을 그냥 먹습니다.

권오중 : 아~

윤소영 선교사 : 저희 BETEL 본부에 가면 큰 창고가 있어요. 거기는 빵에서부터 우유, 닭, 돼지고기 다 거기에 놓아요. 왜냐하면 대형마트 같은 경우에는 늘 언제나 남기 때문에 야채도 그렇고 저희가 늘 받아먹습니다. 정부보조를 받으면 BETEL 자체가 기독교 단체에서 설립했어도 기독교적인 것만을 가르칠 수가 없어요. 그래서 대부분의 기독교 단체들이 정부보조를 안 받는 거죠. 오직 순수하게 복음만을 전하기를 원하는데 정부보조를 받으면 정부의 간섭을 받게 되고 거기에 여러 가지 제약이 있어서 제가 알기로는 BETEL 역시 후원만 받고 어차피 이것이 하나님으로부터 시작되었기 때문에 하나님이 공급하시는 WEC의 기본정신을 따라서 그렇게 하고 있는 것으로 알고 있습니다.

권오중 : 우리나라에도 국가에서 운영하는 약물 중독 치료센터 같은 곳이 있을 거예요. 근데 말 그대로 어느 나라건 그런 중독자에 관련된 센턴데 제가 생각해도 이런 중독들은 뭔가 정신이 맑아진다 해서 끊어지는 게 아니고 계속 공격을 당하는 걸로 봤을 때 BETEL이 가지고 있는 영적인 사명은 어떤 건가요?

윤소영 선교사 : 사실 그 BETEL 사역이 저한테 매력적인 여러 가지 이유가 있어요. 그 중에 하나가 기본적으로 상담이 저희들에게 도움이 되고, 어떤 큰 영향력을 미친다라고는 생각하지만 그럼에도 불구하고 상담은 그 과정이나 그 사람들이 지내온 환경들에 대해서 이렇기 때문에 이럴 수밖에 없다는 결론을 가지고 오는 것이지 근원적인 치료는 할 수 없다고 저는 생각하고 또 믿고 있어요. 그래서 BETEL 사역의 기본적인 마인드 중에 하나가 '사람이 사람을 상담 할 수 없다' 라는 것입니다.

어느 누구도 그 사람의 기본적인 죄 성이나 자기 자신도 모르는 아주 어렸을 때의 기억하지 못하는 그런 상처들을 모른다는 것입니다. 그런 부분에 대해서 하나님이 치유하시고 성령하나님만이 어떤 일들을 성취하시고 이루어나가시는 것입니다. 사람의 의학적인 부분이나 과학적인 부분을 통해서 그런 것들을 증명하고 증거 할 수는 있어도 결론적으로 치료를 할 수는 없다는 것이죠. 그래서 그런 의미에서 정서적인 것, 육체적인 것에 더해 영적인 회복 치유가 가능하다는 것입니다.

권오중 : 선교사님들이 BETEL에 가지 말라고 말린다고 하는데 이유가 있나요?

윤소영 선교사 : 일단은 소문에 의하면 힘들다는 얘기를 많이 들으셔서 그런 것 같아요.

권오중 : 힘이 든다는 게 육체적인 부분을 말씀하시는 건가요?

윤소영 선교사 : 육체적으로 쉴 수 있는 공간이 아닙니다. 왜냐하면 아

까도 말씀드렸지만 BETEL 사역자들이 자부하는 것은 24시간 365일 케어 하는 시스템입니다.

권오중 : 와! 쉼이 하나도 없군요?

윤소영 선교사 : 예. 예를 들면 금단현상이오면 누구든 불침번을 서서 케어를 해야 하기 때문이기도 하고 또 보통 WEC 선교사님들이나 다른 선교 단체들도 그렇겠지만 이 년, 사 년에 한 번 안식년이 있잖아요. BETEL은 틀려요. BETEL 사역은 그렇게 쉴 수 있는 사역이 아니기 때문에 중동지역에 목숨을 내걸고 가시는 선교사님들도 "BETEL! 거기 너무 어렵지 않나? 힘들지 않나?" 이렇게 말씀하세요.

권오중 : 아, 그분들 조차도요?

윤소영 선교사 : 예. 그렇게 말씀을 하세요. 그러니까 부르심이 다 다른 것 같아요.

권오중 : 끔찍한데요. 24시간 365일이라니!

윤소영 선교사 : 저도 가끔은 끔찍해서 '어떻게 살아가나' 이런 생각도 많아요. 자유시간이 거의 없어요. 토요일 5시까지 일을 하고도 이분들이 쇼핑을 하고 싶다 하면 개인적으로 세상 밖으로 나갈 수 있는 분들이 아니기 때문에 사역자들이 같이 나가야 됩니다. 그렇기 때문에 자기 시간은 없는 거죠.

권오중 : 이 땅에 마약이 빨리 없어져야 하는데......

윤소영 선교사 : 예. 아멘!!

권오중 : 그런데 노숙자분들은 쉽게 세상에 노출되어 있지만 혹 가지신

분들이나 많이 배우신분들도 분명히 마약이나 알코올에 노출되어 있을 텐데 그분들 같은 경우는 더 바뀌기 쉽지 않겠네요? 자신을 드러내지 않으니까요. 그런 분들도 혹시 BETEL에 들어오나요?

윤소영 선교사 : 그렇죠. 다 탕진하고 들어오죠. 다 탕진하고 들어올 수밖에 없는 이유가 약값이 많이 들어가는 일이에요. 못된 습관인 거죠. 가족도 팔고 전 재산도 팔고 그래서 정말 폐인이 되어서 사회악이라는 인정을 받아야지만 실제로 거리의 생활을 하게 됩니다.

권오중 : 완전 밑바닥이라고 찍히는 상태가 되어야지만 들어올 정도가 되겠네요?

윤소영 선교사 : 예. 그분들이 등 따뜻하고 배부르면 절대 들어오지 않죠. 그런데 실질적으로 백그라운드가 되게 다양해요. 네다섯 살에 친척들에 의해서 성폭행을 당한다든지 아니면 부모님의 정신적인 문제로 같이 약을 하게 된다든지. 정말 유아기 때부터 마약을 한 그런 배경을 가지고 온 분들도 있고요. 또 간호사출신, 때로는 사회적인 지위를 가지고 계신 분들이 오신 경우도 있어요.

권오중 : 크리스천이 오신 경우도 있나요?

윤소영 선교사 : 예. 있어요. 이미 하나님을 알고 오신 분들도 있고, BETEL에 오기 전에 다른 치료센터에서 하나님을 만났다든지 아니면 여러 가지 다른 루트를 통해 인격적인 만남은 아니더라도 복음에 대해서 한두 번 들은 분들도 있고 "나는 어렸을 때 교

회생활 열심히 했다. 잘 믿었다." 이런 분들도 더러 있습니다.

권오중 : 이제 우리나라도 크리스천들이 많은데 그분들 중에 마약중독자들은 많이 못 보더라도 알코올중독자라든가 도박으로 굉장히 사회에 문제시되고 있거든요. 크리스천 입장에서 보면 그분들은 믿음생활이 좋으셨던 분들인데 자살도 하고 그럴 때 '왜 하나님께서는 그런 분들에게는 손을 내밀지 않았을까?' 라고 생각할 수 있잖아요. 그런 분들한테는 뭐라고 말씀하고 싶으세요? 왜 크리스천인데 마약중독자가 되고, 알코올중독자가 되고 도박중독자가 되게 했을까? 하는 질문에 대답을 들을 수 있을까요?

윤소영 선교사 : 모르겠어요. 혹자는 하나님을 인격적으로 만나지 않았기 때문이라고 얘기를 하시는 분들도 계시는 것 같아요. 그리고 어떤 분들은 만났지만 정말 그 하나님의 본체에 대해서 잘 모르기 때문이라고 하시는 분들도 계시고요. 그런데 제 사견은 그분들을 보면 어떤 분들은 하나님을 이미 알고 계신 분도 있고 하나님의 실체가 어떤 것인지를 아는 분들도 있어요. 그런데 사람의 생각이나 사람의 어떤 지식으로는 왜 이런 분들은 하나님이 놔 뒀을까에 대해서 쉽게 판단 할 수 있습니다.

예를 들면 예멘 땅에서, 아프가니스탄에서, 또 터키에서 일어나는 그 모든 일들이 '왜 하나님은 그렇게 놔두셔야만 할까' 이런 의문하고 똑같은 것 같아요. 하나님은 저희의 생각보다 훨씬 크시고, 더 높으시고, 깊으셔서 우리가 감히 측량할 수는 없지만 분명한 하나님의 뜻이 있고 또 계시록에 보면 하나님께서 우리 마음 가운데 문을 두드리신다고 하셨잖아요. 언제나 우리에게 기회를 주심은 분명한 것 같아요. 이건 외람된 말씀이지만 단지 인생이 그만큼 호락호락하거나 쉽지 않다는 거죠. 유혹들을 이길 만한 가정의 환경이나 사회적인 주변의 조건이나 배경이 안 될 수 있다는 것입니다.

그래서 얼마 전에 목사님께도 말씀드렸지만 사회에서 이렇게 외곽으로 나와 있는 사람들. 그리고 소외된 사람들이 진정 하나님을 믿을 수 있는 어떤 여건이 우리나라에, 우리나라 교회에 아니면 이 땅에 얼마나 차지할까 그런 것들을 좀 그리스도인으로서 고민하고 생각해봐야 할 문제인 것 같습니다.

권오중 : BETELRITO라는 분들이 왔다가 그냥 힘들어서 나가는 경우가 많듯이 그러면 우리 사역자분들도 그런 경우가 있나요? 정말로 하나님의 부름을 받고 하나님의 소명을 갖고 여기 왔다가 '이건 아닌가 보다' 하며 포기하거나 좌절해서 나가시는 분들도 계신가요?

윤소영 선교사 : 있습니다. 저도 그런 갈등을 한 정점에서 충분히 고민할 수 있고 '아, 내가 감당하기에는 역부족이다.' 하는 상황이 올지도 모른다는 생각을 하고 있어요.

권오중 : 그런데 크리스천이 아니신 분들은 "너조차 크리스천인데도 불구하고 나가려 하지 않느냐. 정말 밑바닥에 있는 분들을 어떻게 변화시키려고 하냐. 너조차도 힘든데."하는 공격을 하지 않을까요? 이런 넌크리스천들을 어떻게 설득할 수 있을까요? 만약에

그 BETELRITO라는 분들이 "너희도 나와 같지 않냐. 내가 여기서 무슨 희망을 갖고 여기서 뭘 변화되길 바라느냐. 나도 의미가 없다." 라고 하지 않을까요?

윤소영 선교사 : 첫째는 부르심, 소명, 사명이 아니라는 것입니다. 물론 제가 믿고 싶은 바는 그분들이 부르심이 그곳에 있지 않기 때문에 혹은 하나님의 부르심이 그곳에 있는데 힘들어서 다른 곳으로 전향했다고는 절대 생각하지 않아요. 어찌 보면 처음에 하나님의 부르심을 찾아갈 때 사람의 생각으로 결정을 했다든지 아니면 여러 가지 기타부수적인 상황들이 있을 수 있다고 저는 봅니다.

BETEL 사역으로 오셨다가 다른 사역을 하시는 분들을 보면 기본적인 마인드는 똑같아요. 단지 사역의 형태가 다를 뿐입니다. 부르심을 내려놓거나 포기하지는 않거든요. 그러나 그분들이 경험하는 것이 하나님의 선교에 큰 보탬이 되고 도움이 되기 때문에 어느 곳에 가든지 간에 진정한 예수 그리스도의 사랑으로 그 마음으로 전하고 또 복음을 듣지 못한 사람들에게 복음의 기회를 전해준다는 것은 똑같은 것 같아요. 그래서 첫째는 그 부르심에 대해서 깊이 생각해 봐야 할 것 같고, 둘째는 집사님 말씀하시는 것처럼 "야, 너네도 나가는데 나도 힘들어서 나가야겠어." 라고 하시는 분들은 거의 없는 것 같아요.

권오중 : 아~예^^;

윤소영 선교사 : 일을 하다 보면 그 BETELRITO들이 거칠기도 하고

얘기가 통하지 않을 때가 많아요. 비정상적인 생활들을 한두 해 한 것이 아니기 때문에 이분들의 눈높이를 맞추기는 굉장히 어렵습니다. 그래서 사역자들에게는 자기포기가 매순간 요구되는 곳이기도 합니다. 내가 사역자인데, 선교사인데, 이 사람들한테 뭔가를 주러 왔는데 이렇게 생각하고 가면 백전백패하는 것 같아요. 실제적으로 제가 인턴쉽 했을 때 그 디렉터가 저한테 그런 말을 했었어요. 제가 저의 열심에 "내가 이렇게 할 수 있는데 내가 무엇을 준비하면 좋겠느냐." 했을 때 "어떤 것도 필요 없다. 배우는 자의 마음 자세를 가지고 와라." 그런 말씀을 했었거든요. 선교사라는 것, 사역자라는 것, 어느 누구도 인정해 주지 않고 우습게 여깁니다. 껌처럼 여겨요. 그래서 그렇게 하다 보면 스스로 상처를 받고 그 상처가 그들에게 전달이 되는 거죠. 그렇게 하다 보면 일 년 못가지 않을까 싶어요.

권오중 : 저희가 '잊혀진 가방'이라는 영화를 찍으면서도 많은 선교사님들에게 물어보았지만 그분들은 한결같이 "한 번도 내가 선택한 이 길을 후회해 본적이 없다."라고 하셨습니다. 하나님께서 "너 BETEL에 가라." 하셨을 때도 약간의 갈등이 없었나요?

윤소영 선교사 : 저는 사실 점진적으로 하나님이 저에게 제가 잃어버린 마음들을 주셨어요. 처음 저에게 이런 거리의 사람들에 대한 마음들이 언제 생겼냐면 아주 어렸을 때부터 있었거든요. 그런데 고등학교 땐가, 한 스무 살 그 전후쯤에 그때가 구십 년대죠. 그때 서울역에는 노숙자들이 많았어요. 지금도 아마 있을 거예요.

거기서 금요일마다 BETEL에서 하는 수요 노방전도처럼 음식과 옷을 나누어주고, 예배를 드리게 해주는 그런 모임이 있었어요. 몇 개월 동안 언니와 동생과 같이 거기를 갔습니다. 그리고 서울역 근처에서 하숙하시는 간사님 집에서 자고 아침에 오고 이런 일을 반복을 했었는데 그때는 몰랐어요.

그때는 이런 일을 해야지 하는 것은 꿈도 못 꾸고 그렇게 있다가 저를 하나님이 선교사의 삶을 살기를 원하신다고 생각했을 때 '아 그렇다면 어떤 일을 해야 할까?' 할 때 이미 하나님은 저에게 유럽권역에 대한 마음을 먼저 주셨어요. 그러니까 사역에 대한 마음이 아니라 특정 지역에 대한 마음을 먼저 주셨습니다. 유럽을 보면 실질적으로 이슬람이 장악하고 있어요. 영국도 이슬람 국가라고 해도 무방할 만큼 이슬람교 세력이 굉장히 커지고 있거든요.

그래서 '유럽권 안에서의 무슬림 사역이다.' 라고 기도를 하고 있던 중에 하나님이 저에게 이사야서 61장 1절 말씀을 주셨습니다. 그 마음을 계속 부어주시고 여러 선교사님들의 선교보고를 통해서 소외된 계층들 그리고 혜택을 받아야 하는 분들에 대한 마음들을 상기시켜 주셨지요. 그러다 보니까 저는 자연스럽게 '하나님! 좋습니다.' 이런 것이 아니고 잃어버렸던 마음들을 하나님께서 숨은 보화처럼 캐내 주신 것 같아요. 지금도 가끔 딱 사역만 생각하면 굉장히 두렵고 힘들 것 같다는 생각을 많이 해요. '어떻게 이길 수 있을까' 하는.

권오중 : 몇 달 안 남으셨잖아요?

윤소영 선교사 : 예.

권오중 : 기대가 되세요? 아니면 약간 두려우세요?

윤소영 선교사 : 기대가 되는 것만큼 두렵기도 한 게 사실인 것 같아요.
그분들이 너무너무 보고 싶고, 빨리 가고 싶고, 뭘 할 수 있다든
지, 무언가를 해 줄 수 있어서 그런 것이 아니라 그곳에 그분들
과 같이 있을 때 제가 살아있다는 걸 느끼고 생동감을 갖게 되고
그분들하고 호흡할 때 하나님이 살아계심을 제가 체험하기 때문
에 사실은 그분들을 위해서가 아니라 제가 살러 가는 것 같아요.
제가 하나님을 경험하러 가는 것 같아요.

BETEL의 10가지 특징

■ 엘리엇 테퍼 인터뷰

많은 크리스천들은 우리에 대해서 듣지도 못했다. 우리를 알고 있는 몇몇도 BETEL에 대해서 희미한 짐작만 있을 뿐 잘못 알고 있을 때도 있다. 10년 전, 마드리드 산블라스에서 길을 걷다가 구급차와 경찰차가 경광등을 깜빡이며 서 있는 것을 기억한다. 그 앞에는 길과 건물사이로 많은 사람들이 시끄럽게 모여 있었다. 가까이 가보니 응급요원들이 과잉투여로 쓰러진 중독자를 소생시키고 있었다.

요원들이 그를 살려 들것에 태워 구급차로 이동했다. 점차 사람들이 흩어지고 나는 경찰 한 명과 말을 시작해 우리 전단지를 주며 BETEL의 프로그램을 소개했다. 경찰은 전단지를 보며 BETEL에 대해서 처음 들어본다며 산블라스에 마약중독자들을 돕는 BETEL같은 기관이 있는 것에 대해 감사하게 생각한다고 말했다.

그의 대답에 나는 조금 의아해서 혹시 이곳에 발령 받은 지 얼마 안 되었느냐고 물었더니 그는 이곳에서 거의 10년 가까이 근무했다고 한다. 그가 돌아가고 이웃들도 아무 일 없었다는 듯 일상으로 돌아가자, 나는 그 자리에 서서 생각에 잠겼다. 어떻게 그 경찰은 BETEL에 대해 들어보지도 못했다는 것인가?

BETEL은 산블라스 경찰서와 멀지 않은 산블라스의 거리에서 시작됐다. 우리는 경찰들과 협조적인 관계를 유지하고 있었다. 그들은 우리 교회와 사무실 혹은 가게로 찾아와서 수배자들에 대해서 질문을 하거나 행방을 물었다. 우리는 협조적이었고 그들도 우리에게 고마워했다. 그런데 어떻게 그 경찰은 우리를 몰랐을까? 놀랍다.

오늘날, BETEL이 첫 중독자를 받아드리고 25년이 지난 지금 나는 아직도 산블라스에서 우리가 누구인지 혹은 우리의 존재 사실조차 모르는 사람들을 만난다. 우리에 대해서 들어보기도 했고 우리의 비둘기로고가 그려져 있는 흰색 밴을 알아보는 사람들을 만나지만 대부분 그들은 BETEL이 정말 어떤 일을 하고 무엇을 대표하는지 모르는 것을 자주 본다. 가끔 몇 사람들은 우리에 대해서 가끔은 좋게 혹은 나쁘게 엉뚱한 생각도 가지고 있었다.

BETEL이 산블라스라는 작은 세상에서도 완전히 알려지지 않았다면 어떻게 우리가 전 세계와 전 그리스도의 몸 된 교회가 우리를 알기를 바란단 말인가? 그렇다면 우리는 누구인가? 우리는 무엇인가? BETEL은 무엇을 하는가?

나는 여기서 BETEL의 10가지 특성을 소개하고자 한다.

첫째, 우리는 필사적인 사람들이고 절망적인 사람들 – 중독자와 소외된 자들 – 을 돕는다.

우리는 인류에게 가장 필요한 것은 그들이 도움이 필요하다는 것을 '아는 것'이라고 믿는다. 따라서 우리는 절망적인 사람들, 곧 도움을 필요로 하는 사람들을 목표로 삼는다. BETEL이 지금까지 성장하고 우리의 삶과 사역을 통해 복음이 전파되게 될 수 있었던 것은 우리가 도움이 필요함을 알고 오직 예수님만이 그 필요를 채우실 수 있다는 것을 믿기 때문이다.

역설적으로 영원의 관점에서 보면, 가장 도움을 필요로 하지 않다고 생각하는 사람들이 가장 도움이 필요하다. 왜냐하면 그들은 스스로 도움이 필요하지 않다고 생각하기 때문이다. 이것은 아마도 후–기독교 서구세계 교회의 퇴보의 가장 큰 이유일 것이다.

이 세계는 "나는 부자라 부유하여 부족한 것이 없다"라고 외치고 있다. 이것이 오직 '곤고한 것과 가련한 것과 가난한 것과 눈먼 것과 벌거벗은 것'을 아는 몇몇을 대상으로 복음을 전하는 BETEL의 성장과 성공의 비결을 설명한다. (계 3:17)

둘째, 우리는 교회개척 사역이다.

우리는 우선적으로 그리고 무엇보다 교회개척 사역이고, 그 다음에 재활 사역이다. BETEL은 스페인 마드리드 산블라스 한 구역에서 교회

개척 사역으로 태어났다. 첫 번째 BETEL교회가 테퍼의 집에서 시작됐고, 2년 후 BETEL의 첫 번째 재활공동체가 멕킨지의 아파트에서 생겨났다.

BETEL은 WEC 스페인 필드 소속 WEC 선교사들에 의해 시작된 WEC 국제사역이다. 10년 전쯤 WEC 인터내셔널은 BETEL을 WEC의 '일반' 필드에서 분리해 새롭게 WEC-BETEL 다국적 필드로 구분했다. 왜냐하면 BETEL의 성장이 스페인을 넘어 많은 다른 나라의 수십 개의 도시로 퍼져나갔기 때문이다.

WEC-BETEL 다국적 필드가 생겨나고 얼마 되지 않아 나는 "왜 스페인의 WEC가 나뉘었는가?"라는 질문을 받았다. 우리의 사역이 더 이상 스페인에 국한되지 않고 많은 언어적 문화적 사회들로 확장되고 있기 때문에 기능적 분리가 필요했다고 대답하려 했다.

하지만 내가 대답을 미처 하기 전, '일반' WEC의 어떤 필드리더가 나서서 이렇게 대답했다. "답은 간단해요. 우리는 교회개척 사역인데 BETEL은 마약중독 재활 사역이죠."

나는 약간 기분이 언짢고 불쾌해서 이렇게 대답했다. "그래요, BETEL이 마약, 알코올 중독자들 같은 소외된 사람들과 일하는 것은 사실입니다. 그리고 우리는 동시에 그리스도의 몸을 섬기는 중대한 교회 사역을 하고 있는 것도 사실입니다.

중독자들과 소외된 자들을 받아들이고 변화시키고 훈련시켜서 그들을 다시 현지교회와 가정들에게 돌려보내죠. 하지만 우리는 교회를 개척하기도 합니다. 단지 우리는 '전통적인' 방법으로 '정상인'들을 데리고 하지 않는 것뿐이지요."

우리는 수십 개의 BETEL교회들을 개척하였고 또 수십 개의 교회개 척이 현재 진행 중에 있다. 더 나아가 더 많은 BETEL의 교회들이 이제 소외된 사람들 뿐 아니라 '정상적인' 사람들도 끌어당기고 있다. 우리 가 개척한 많은 교회들이 이제 성숙하고 번창해서 다른 '정상' 적인 교 회들과 '정상' 적인 크리스천들과 구분하기 어렵다. 단지 그들이 '정상' 적인 교회들보다 좀 더 열정적일 뿐.

최근에 영국 BETEL의 디렉터인 켄트 마틴이 유명한 잡지사에서 온 기자를 만났다. 그 기자는 버밍햄 센터와 교회를 방문하였다. 그녀는 수 년간 영국 북동쪽에서 중독자들과 노숙자들을 대상으로 많은 일을 한 사람이었다. 그녀가 한 커플을 인터뷰하기 위해 저녁예배에 들어갔을 때 큰 충격을 받고 이렇게 물었다.

"이 사람들이 정말 중독자들입니까?"

대부분의 사람들이 예배를 기다리며 서로 대화를 나누며 즐겁게 웃고 있거나 조용히 성경을 읽고 있었다.

"이 사람들은 너무 깨끗하고 정상적으로 보이는데요? 내가 함께 일하 는 중독자들과는 확연히 다르네요."

이것이 바로 BETEL이다. BETEL은 길거리에서 남녀들을 우리 공동 체 안으로 데려와 하나님의 은혜로 그들이 '그리스도의 몸' 에서 참 자리 를 찾게 해주는 일을 한다. 우리의 분량은 오직 그들을 깨끗이 샤워시키 고 깨끗한 옷을 제공하고, 또 정돈된 집과 복음이 전파되어 사라지고 있 는 풍성한 영적 환경을 제공하는 것뿐이다.

그리고 우리는 하나님께서 당신의 일을 하시도록 기다린다. 하나님께서는 당신의 때에, 자원하는 자들을 죽음에서 생명으로 데려와 교회의 일부분이 되게 하신다.

BETEL은 전 세계적 교회 공동체이고 교단인 AEMC (The Assemblies of Worldwide Evangelization for Christ)를 탄생시켰다. AEMC는 대부분 중독자였고 BETEL 공동체와 프로그램을 통해 변화된 100명 이상의 임명된 목회자로 구성되어 있다.

셋째, 우리의 재활 공동체는 자체적으로 경영되고 리드된다.

물론 WEC나 Amistad 등 다른 선교사들이 BETEL에서 섬기고 있기도 하다. 하지만 우리 리더십의 대부분은 BETEL 내부에서 나온다. 우리 리더들은 우리 하우스에서 거듭난 사람들이 대부분이다.

창세기 14장 14절에, 아브라함이 '집에서 길리고 훈련된' 318명을 데리고 소돔 왕과 잡혀간 롯을 구한다.

물론 몇몇 전문가들이 있기도 하다. 의사들, 사회봉사자, 상담자, 회계사, 변호사, 건축가 및 IT 전문가들이 리더십 팀에 분산되어 있다. 하지만 BETEL의 기초와 중추는 우리 스스로의 목회자들과 감독자(우리는 그들을 reponsables, 책임진 자로 부른다)에게 있다. 그들은 우리 공동체에서 구원받은 전 중독자들로 대부분 구성되어 있다.

BETEL 공동체의 멤버들과 리더십들 간에 어떤 '전문성을 띤' 거리가 존재하지 않는다. BETEL에는 어떤 고객-전문인 (환자-전문가) 같은 관계가 없다. 오로지 이곳에는 우리 속에서 그리스도를 찾으려는 희망이 가득한 'BETEL인'들과 우리가 초대한 친구들만 있을 뿐이다.

베드로와 요한이 공회에 섰을 때, 성경은 말한다. "그들이 베드로와 요한이 담대하게 말함을 보고 그들은 본래 학문 없는 범인으로 알았다가 이상히 여기며 또 전에 예수와 함께 있었던 줄도 알고"

내가 "나는 마약 중독자들을 치료하는 데에는 전혀 관심이 없어요. 단지 나는 그들을 하나님의 사람들로 만들고 싶을 뿐입니다." 라고 말하면 사람들이 놀란다. 우리는 '전문적으로' 훈련받지 못한 사람들이지만, 우리 리더들은 예수님과 함께 있었다.

이들이 세상의, 혹은 현대교회의 기준에 미치지 못하였다 하더라도 그들은 충분히 목회의 자격을 갖추었다. WEC의 설립자 C.T. Studd가 말했듯이 "나는 머리가 바보인 것은 상관하지 않는다. 단지 그들의 심장들이 하나님을 위해 불타고 있으면 된다." 또 WEC의 두 번째 국제디렉터이자 스터드의 사위인 노먼 그러브는 말한다.

"BETEL은 옛 WEC의 부활이다"

그렇다. 우리 BETEL은 원시적인 크리스천들이다. 우리 리더들의 선발과 준비과정은 옛 초대교회의 방식과 아주 비슷하다. 우리는 예수님과 함께했고 또 그분의 소명을 듣고 반응하는 사람들을 세운다.

넷째, 우리는 위험한 사람들과 위대한 모험을 한다.

이미 언급했듯이, BETEL의 리더쉽들은 공동체 내부에서 나온다. 우리는 그리스도의 구속사역과 성령님의 재생사역이 사람을 천국인으로 만든다는 것을 믿을 뿐만 아니라, 더 나아가 사역을 책임지는 사역자들로 만드는 것을 믿는다.

사람들은 BETEL의 재활공동체, 교회들, 그리고 기타 소득사업들이 거의 전적으로 전 중독자들에 의해 운영된다는 것에 대해 놀라움을 금치 못한다. 우리는 하나님의 은혜와 자비가 모든 죄를 덮고 사하지만 모든 옛 상처들을 지우지는 못하는 것을 물론 잘 안다. 우리 리더들 중 많은 이들은 에이즈나 간염 같은 건강문제, 그리고 전과기록, 정서적, 교육적, 문화적 결핍 등의 짐을 가지고 있다.

BETEL공동체 멤버들의 삶을 이러한 '망가진 그릇'들에게 맡기는 것이 위험한 것이 아닌가? 우리의 모든 자원에 대한 행정과 수익사업에 대한 운영을 이들의 손에 맡기는 것이 무모한 것은 아닌가?

그렇다. 사람의 관점에서는 그렇다. 하지만 하나님께서 공식 속에 들어오시면 이것이 그렇게 위험한 것이 아니다. 다른 기독교사역이나 세상의 NGO들과 비교해볼 때 우리는 비교적 낮은 도덕적 폐해나 절도 기록을 가지고 있다. 이런 일이 가끔 일어나기는 하지만 적어도 BETEL 고위 리더쉽 레벨에는 전무하다. 왜 그럴까? 우리 BETEL에는 이런 말이 있다.

"우리는 영원의 끝자락에서 산다". 무슨 맥락에서 그러할까? 우리는 사도 바울처럼 다음과 같이 분명히 고백할 수 있다. "우리는 우리 자신이 사형 선고를 받은 줄 알았으니....."

BETEL 역사의 초기에는 우리 리더들의 절반 정도가 에이즈환자였다. 지난 수년간 서유럽사회의 보건상태가 극적으로 개선된 것은 사실이지만, 오늘날 아직도 러시아와 동유럽, 그리고 인도의 BETEL은 에이즈환자를 포함한[사형선고를 받은] 인생들이 많다. 우리 BETEL사람들은 그만큼 하나님을 두려워하고 또한 영원이라는 개념이 그들의 현실이기 때문에 거룩함을 유지한다.

이상보다 낮은 배경을 가진 사람들과 하나님의 왕국을 세우는 것이 가능할까? 그렇다. 다시 말하지만 그렇다. BETEL은 우리 하우스 내 라쿠에바 데 아둘람[아둘람의 동굴]이라는 성경학교를 통해 리더들을 훈련시킨다. 우리는 하나님께서 "가난한 자를 진토에서 일으키고 빈궁한 자를 거름더미에서 올리사 귀족들과 함께 앉게 하시는" 것을 믿는다. (삼상 2:8) 사무엘상에 보면 다윗은 그의 첫 추종자들을 가난하고 추방당하고 빚지고 심령이 쓴 사람들 중에서 택했다.

이 사람들의 이름들이 30년 후 사무엘하의 계보에 기록되어 있는데 더 이상 거지와 빚쟁이로 기록되어 있지 않고 용감한 영웅들로 기록되어 있다. 처음 다윗을 따랐을 때 변방에 있던 자들이 이제 왕국의 왕자로 장군으로 관료들로 변한 것이다. 오늘날, BETEL의 많은 목회자들이 그리스도의 몸의 목회자로 인정되어 여러 땅의 교회의 고문들로 자리잡고 있다. [리더를] 알아보는 것은 항상 쉽지만은 않다. 누군가의 인격과 경건함과 사역의 열매가 다른 보여지는 권위의 표시들(신학교 학위 등)을 뛰어넘기까지 오랜 시간이 걸린다. 하지만 항상 뛰어넘는다.

BETEL 초창기 마드리드에서 하루는 한 친구이며 기독교 리더인 사람이 나에게 와서 말했다. "이제 서야 BETEL이 어떻게 가능한지 알아차렸어. 나는 훈련도 받고 교육도 받고 교회와 기업이 어떻게 운영돼야 되는지 알았어. 난 BETEL에서 처럼 그런 사람들을 리더로 세우면 안 된다는 것을 안단 말이야. 하지만 자넨 너무 바보같이 순진해서 그게 불가능하다는 것을 이해하지 못하는 거야. 그래서 가능한 거야!" BETEL 에서는 하나님께서 일하시며 무언가를 요구하실 때, 우리는 모두 바보가 된다. 왜 그 일이 불가능한지 이해하지 못하는 것이다.

BETEL은 지브랄타 해엽의 모로코 해변이 보이는 남쪽 헤르큘리스 기둥 경사에 아름다운 집을 가지고 있다. 그곳은 가장 고지에 있는 개인 소유 집이며 스페인 군부대 바로 밑에 위치해 있다. 어느 날 아침 묵상 후에, 나는 손님으로 오신 강사 Jack Groblewski 목사와 집 3층에 있는 전망대에 올라갔다. 잭 목사는 아주 박식한 신학자인데 BETEL을 돌아보며 BETEL인들에게 큰 감명을 받고 있었다.

그곳에서 아침 햇살을 받으며 서서 스페인 해협과 서쪽으로는 대서양을, 동쪽으로는 지중해를 바라보고 있었다. 아래 마당에서는 BETEL인들이 출근하기 위해 밴에 짐을 싣고 있었다. 잭 목사가 나를 보고 말했다. "BETEL은 마치 옛날 프란체스코 수도원 같군요." 그의 말이 맞았다. 경건함, 초세속적이고, 신비적이고... 그가 계속 말했다.

"당신들은 아주 프란체스코 수도들과 똑같군요. 오른손과 왼손도 구분하지 못하는 가난하고 무지한 사람들이 함께 살며 겨우 벌어먹으며 하나님께 영광 돌리는." 잭 목사의 말이 맞았다. 하나님께서 우리를 선택하신 것만큼은 분명했다. 그것에 우리도 하나님과 동의했고, 그것이 모든 차이를 만들어냈다.

다섯째, 우리는 십자가에 특별한 강조를 둔다.

십자가는 기독교와 기독교의 메시지에 중심에 있다. BETEL에서는 십자가의 진행과 그리스도의 삶과 죽음과 부활을 체험하는 것을 구분한다. 우리는 십자가의 메시지를 가르친다. 그리스도께서 우리를 위해 죽으시고 죽음에서 부활하셨다는 것. 그리고 우리는 십자가의 진행을 설명한다. 각 믿는 자는 그리스도의 죽음과 장사지냄, 그리고 부활과 동일시되는 걸음을 취해야 한다는 것. 바울이 선포하였듯이, "나는 매일 죽노라" BETEL에서, 우리는 매일 죽는다.

거기서 더 나아가 우리는 그리스도와 연합을 통해 고도의 승리와 영적 세상을 맛볼 수 있다고 믿고 가르친다. 우리는 갈라디아서 2장 20절을 문자 그대로 믿는다.

> "내가 그리스도와 함께 십자가에 못 박혔나니 그런즉 이제는
> 내가 사는 것이 아니요 오직 내 안에 그리스도께서 사시는 것
> 이라 이제 내가 육체 가운데 사는 것은 나를 사랑하사 나를 위
> 하여 자기 자신을 버리신 하나님의 아들을 믿는 믿음 안에서
> 사는 것이라"

그렇다, 여기는 매일 죽음과 옛 삶이 하나하나 벗겨지는 과정이 있다. 우리는 죄를 짓고 정도에서 벗어났지만, 이곳에는 이제 우리의 삶이 되어버린 그리스도의 삶에 나타나는 완벽하고 완전한 승리와 진정으로 동

일시 될 수 있다는 가능성이 있다.

사도 바울이 골로새서 1장 26절에서 27절 말씀을 통해 선포하였다.

> "이 비밀은 만세와 만대로부터 감추어졌던 것인데 이제는 그
> 의 성도들에게 나타났고 하나님이 그들로 하여금 이 비밀의 영
> 광이 이방인 가운데 얼마나 풍성한지를 알게 하려 하심이라 이
> 비밀은 너희 안에 계신 그리스도시니 곧 영광의 소망이니라"

가장 오래됐고 가장 성공적인 알코올/마약 재활 프로그램은 AA
(Alcoholics Anonymous) 이다. 다른 어떤 재활 프로그램보다 AA를 통
해 도움을 받은 사람들이 현저히 많다. 우리는 AA로부터 많은 영감도
받고 많은 것을 배운다. 하지만 AA 와 BETEL은 한 가지 다른 부분이
있다. AA 졸업생이 스스로를 소개할 때 보통 이렇게 말한다.

> "안녕하세요, 제 이름은 존이고 저는 회복하고 있는 알코올중
> 독자입니다. 저는 이제 몇 년 동안 술을 하지 않았고, 저는 다
> 시 알코올 중독자로 돌아가기까지 단 한 잔이면 족합니다."

AA는 솔직함과 겸손이 효과적임을 발견했다. 하지만 우리는 우리 사
람들에게 위와 같이 생각하거나 말하지 않도록 권면한다. BETEL에서
BETEL인들은 다시 중독자가 되기까지 한 걸음 떨어져 있는 회복 중인
중독자가 아니다. 우리는 BETEL인들에게 이렇게 가르킨다.

"누구든지 그리스도 안에 있으면 새로운 피조물이라 이전 것
은 지나갔으니 보라 새것이 되었도다" (고후 5:17)

BETEL인들은 그리스도의 삶을 통해 계시된 하나님의 의를 알고 있
다. 이것이 우리를 구별하는 가장 중요한 특성이라고 할 수 있다.

여섯째, 우리는 지상명령을 수행하는 사람들이다.

우리는 그저 몇 개의 교회를 개척한 어느 재활센터가 아니다. 물론 우
리는 수십 개의 재활공동체와 현지교회를 가지고 있지만 우리는 이보다
훨씬 더 큰 것을 사모한다. 우리는 하나님께서 BETEL에게 전 세계로
복음을 가져갈 사도적 사명을 주셨다고 믿는다.

우리, 선교사들 뿐 아니라 모든 BETEL 가족구성원들은 세상 모든 민
족에 BETEL 공동체와 교회를 개척하기를 사모한다. 요한 웨슬레가 선
포하였듯이 "온 세상이 [우리]의 교구다"

이탈리아에 첫 답사여행을 다녀오는 길에 린지 멕킨지와 나는
BETEL리더 몇 명과 밴을 타고 프랑스의 아름다운 남쪽 지중해 해안도
로를 달릴 때였다. 우리는 나폴리에 첫 이탈리아 BETEL을 세우는 것에
대한 흥분과 의욕이 충만할 때였다. 스페인으로 향하는 커브들과 터널
들을 따라 달릴 때, 문득 어떤 생각이 들어 린지에게 말했다.

"이스라엘의 해안선을 뭐라고 부르지?"

린지가 대답했다.

"레반트라고 하지"

나는 다시 물었다.

"스페인의 지중해 해안선을 뭐라고 부르지?"

"레반트"

우리는 동시에 소리쳤다.

"바로 그거야!"

그 시간 알프스 끝자락에서 해안으로 시속 100킬로로 달리는 순간에 성령님께서 임하셨다. 나는 말했다.

"하나님께서 우리를 스페인의 지중해 해안선부터 이스라엘 해안선에 이르기까지 복음을 전파하고 교회와 공동체를 개척하라고 부르신 것을 믿어. 바울의 발자취를 거꾸로 따라가는 거야."

그렇게 20여 년 전 선포한 것이 그냥 우연의 빈말이었을까, 아니면 하나님께서 당신의 생각을 드러내신, 우리가 순종할 때 당신이 우리를 통해 역사하실, 그런 바울의 발자취를 따라가는 순간인가?

그날 프랑스 남해안을 달리며 만난 그 성령님의 감동하심 이후로, 우리는 스페인, 프랑스와 이탈리아의 지중해 북쪽 해안도시에 BETEL공동체를 세웠다. 알케씨라, 말라가, 모트릴, 알메리아, 발렌시아, 카스텔론, 파마데말로카, 바르셀로나, 지로나, 마르세유, 게노아와 나폴리. 남으로는 모로코 남해안 Ceuta, Tetuan 과 Melilla 에 BETEL 공동체와 교회를 시작했다.

우리는 이제 막 시작했을 뿐이다. 우리의 비전은 지중해에 국한되지 않는다. 산블라스의 첫 BETEL인인 라울 카스토로와 마드리드의 첫

BETEL 교회공동체로 시작하여, 현재 20개국과 스페인 22개 지방의 80여 개 도심에 80개 이상의 공동체와 40여 개의 교회, 그리고 수십 개의 교회개척사역이 진행되고 있다.

포르투갈, 프랑스, 독일, 영국, 아일랜드, 이탈리아, 체코, 불가리아, 러시아, 핀란드, 우크라이나, 인도, 네팔, 몽골, 호주, 미국, 멕시코, 아르헨티나, 브라질, 모로코. 아직 전 세계는 아니지만 어쨌든 시작이다. 이것은 "오른손과 왼손을 구분도 못하는" 산블라스 마을의 가난한 바보들이 시작한 것 치고 절대 작은 결과가 아니다.

그 80개 도시 공동체 중 75개는 길거리에서 우리가 데리고 온 전 중독자들로 인해 운영된다. 그들은 지금 전적으로 우리의 신뢰를 받는 제자이고 목회자들이다. 그리고 몇몇 나라의 교회들은 스스로 파송선교사를 보내는 베이스 역할을 하고 있다.

지난 25년간 스페인 BETEL은 100여 명이 넘는 선교사들을 스페인 지방과 타국으로 파송했다. 영국 BETEL은 그 첫 15년 동안 10개국에 새로운 BETEL을 세우기 위해 50여 명의 장, 단기 선교사를 파송했다. 인도 BETEL은 첫 10년 동안 구르가온 본부에서부터 다른 인도 도시들뿐 아니라 몽골과 네팔까지 선교사들과 봉사자들을 파송했다.

2010년 BETEL리더들은 향후 10년간 18개 새로운 나라에 BETEL을 세울 것을 믿음으로 선포했다. 우리가 제정신이 아닌가? 아니면 단지 C.T. Studd 의 발자취를 따르는 것뿐인가? 스터드도 1913년 우리가 우리의 비전을 받았던 레반트에서 멀지 않은 마르세유 항구에서 콩고로 떠나기 전 그의 아내 프리실라에게 편지를 보냈다.

"이번 콩고로의 여행이 콩고와 아프리카만을 위한 것이 아닌 것이라고 믿소. 이것은 전 세계 미전도 세계를 위한 것이오."

일곱째, 우리는 복음이 개개인뿐 아니라 전 가정을 회복시키는 것을 믿는다.

지금까지 BETEL은 대부분 후-기독교 유럽에서 교회 개척하는 데 성공했다. 어떻게 그 냉소성과 적개심, 그리고 세속적이고 물질주의적인 유럽대상들을 정복해내었을까? 우리는 회심한 중독자와 그의 가정과의 관계 속에서 열쇠를 발견했다. 가족의 아들이나 딸을 변화시키면 그의 부모와 형제자매를 변화시킬 수 있는 가능성이 열린다.

산블라스의 우리의 첫 교회도 대부분 어머니들과 그 자녀들이 많았다. 초기에 어머니들은 우리가 자신들의 아들들을 재활시켜주었기 때문에 우리 교회모임을 찾았다. 초기에는 이 어머니들이 중독자 아들들보다 더 먼저 회심했다. 그리고 아들들과 형제자매들도 돌아왔다. 그리고 다른 먼 친척까지 복음이 전해졌다.

스트워트와 매리 디넨이 쓴 BETEL의 첫 책 〈지옥문 앞의 구원가게〉라는 책을 보면, 우리의 헌신이 '아버지의 형상을 잃은 세대에게 하나님 아버지의 형상을' 회복하는 것에 초점이 맞춰져 있다. 어느 나라든지 대부분 BETEL 공동체에 들어오는 사람들의 공통점이 있다면 그들 대부분 아버지가 인생에 없었다.

죽었거나 가정파괴 등으로 아버지가 없었고 아버지가 집에 있더라도 알코올중독이나 폭력이 가득했다.

물론 좋은 가정환경에도 불구하고 스스로 파괴적인 생활양식을 따른 비행아이들도 많았다. 하지만 대부분의 케이스는 어릴적 '아버지의 형상'의 결핍으로 인한 자멸이었다.

수천 명의 이야기들이 있지만 폴의 간증을 봐도 그렇다. 그가 영국 버밍햄 BETEL에 도착했을 때 그의 친구 40여 명이 헤로인 과다 투여로 죽은 상태였다. 그는 34살이었다. 그의 삶은 감옥에 있을 때 말고는 항상 바늘이 널브러진 폐허가 된 집에서 쓰레기통을 뒤져 먹고 살았다. 수년 동안 그는 그의 부모와 대화를 끊었다. 20대 중반에 의사는 그를 진통제와 정부 복지로 평생 살 수 있을 것이라 했다.

어느 누구도 그가 마약으로부터 자유로울 수 있다고 말해주지 않았다. BETEL에서 폴은 처음으로 그 자유를 들었고 만났다. 오늘 폴은 아내와 가정을 가진 BETEL의 목사다. 그의 변화된 인생과 회복된 가정은 수많은 다른 깨진 인생들과 가정들을 변화시키고 있다.

이것이 바로 그리스도의 복음이 들어가도록 후-기독교의 세속화된 마음을 열수 있는 열쇠다. 개개인이나 가정에게 하나님 아버지의 형상이 회복된다면, 다시 온전해 질 수 있는 것이다. 지난 25년 동안 140,000명 이상의 사람들이 BETEL 공동체를 지나갔다.

대부분은 그리스도를 만나기 위한 것이 아닌, 그들의 삶과 가정을 '고쳐' 보려고 들어왔다. 수만 명의 사람들과 그 가정들이 그들이 예상하지 못했던 하나님과의 회복을 체험하였다. 하나님께서 약속하신 그대로이다. 우리가 만약 사랑하고 그에게 순종한다면, 하나님께서 약속하셨다.

"내가 기름진 밀을 그들에게 먹이며 반석에서 나오는 꿀로 너
를 만족하게 하리라"

**여덟째, 우리는 예수 그리스도께서 어제나 오늘이나 영원토록 동일하
심을 믿는다. (히 13:8)**

우리는 성령님을 통한 예수 그리스도의 믿는 자 안에서 인격적이고
지금 역사하시는 사역을 믿는다. 우리는 예수께서 이 땅에서 하신 사역
들과, 또 그 제자들이 사도행전 기록대로 한 것들이 사실이며 지금도 가
능하다는 것을 믿는다.

어느 하루는 마드리드 교회의 어머니들이 나에게 다가와서 물었다.

"우리는 어떤 기독교인가요?"

그들 대부분이 거듭났고 수년 전 BETEL에서 세례를 받았지만 아직
도 기독교의 어떤 '부류'에 속했는지 알지 못했다. 몇몇에게는 이렇게
기독교인이 되고 한참이 지날 때까지 이런 초보적인 질문을 하는 것이
부정적으로 보일 것이다. 하지만 사실 우리는 의도적으로 우리 스스로
를 어떤 특정 부류로 브랜드화시키는 것을 꺼렸다. 스페인 가톨릭들의
민감성을 건드리지 않기 위해서이다.

우리는 단지 기독교적인 기독교인들이라고 대답했다. 전 성도의 신비
적 교회와의 관계에 있어서는 가톨릭이고, 믿음으로 구원의 은혜에 이
르는 것과 말씀의 진리에 대한 전적 신뢰에 대하여는 개혁인이고, 대
지상명령에 대한 헌신에 있어서는 복음주의고, 또한 성령의 모든 은사

를 사모하고 표현하려하는 면에서는 오순절주의-카리스마파다.

가능한 한 우리는 분류 딱지들을 피하려 하지만, 우리는 우리의 오순절 은사주의적 뿌리에 대해서 부끄러워하지 않으며 오늘날도 교회의 사도적 시대에 성령의 은사들이 나타난다는 것을 믿고 가르친다. 우리는 치유하심도 복음의 일부분이라고 믿는다.

우리는 기적을 믿는다. 매일 기적과 치유하심을 보지는 못한다. 정기적으로 보는 것도 아니다. 하지만 우리는 하나님께서 치유하시고 구원하시고 사역의 중요한 순간들에 기적을 행하시는 것을 보았다. 이러한 순간들과 초자연적 사건들이 복음을 입증시키고 우리 중에 하나님의 왕국을 전진시켰다.

산블라스에서 사역 초창기에는 우리는 회심자가 많지 않았다. 어머니들과 아버지들은 단지 자식들이 중독에서 벗어나기를 기대하는 마음으로 우리를 찾았다. 그들의 동기는 단순했다. 도움을 필요로 했고 그들은 BETEL이 어떤 초자연적인 사회단체이며 무료라는 것에 끌려 찾아왔다. 오랫동안 그들과 그 자녀들은 그리스도의 인격적으로 변화시키시는 능력을 접하지 못했다. 그러다가 갑자기 그것이 바뀌었다. 왜일까?

월요일 암 수술이 예정되어 있는 헤르만의 어머니 마루자를 위해서 일요일 기도했을 때 하나님께서 암을 기적적으로 치유하셨다. 의사들은 월요일에 수술 없이 그녀를 집으로 돌려보냈다. 마루자의 치유 뒤로 동네의 우리와 복음에 대한 태도가 바뀌었다. 의심의 눈초리로 차가운 시선을 보내던 사람들이 우리 모임에서 그리스도를 찾기 시작했고 더 많은 현상들이 우리의 가르침을 뒤따르기 시작했다.

오랫동안 어머니들과 자녀들만 모임에서 구원받았다. 스페인의 노동층 남자들은 반종교적이고 복음에 거부감을 나타내기로 유명하다. 하지만 이 불신의 벽도 허물어졌다. 알베르토의 아버지 베르나르도는 비정상적인 심장박동으로 병원에서 죽어가고 있었다.

그 가족이 그를 위해 기도해달라고 요청해 왔다. 우리는 기도했고 순간적으로 그는 치유됐다. 그 기적 후로 다른 아버지들도 모임에서 그리스도를 만나기 시작했다. 우리가 전했던 복음이 사도행전에서 사도들의 복음과 점점 닮아갔다.

지난 수년간 하나님께서는 이러한 주권적 방문으로 기적을 행하셨지만, 이는 순수히 하나님의 주권적이고 뜻밖의 신비스러움으로 남았다. 우리는 하나님께서 반복적으로 기적을 행하실 것을 요구하지 않을 것을 배웠고, 단지 '바람이 불 곳에 불도록' 받아 드렸다.

우리는 예수님께서 어제나 오늘이나 영원히 동일하심을 믿는 자들 가운데서 역사하신다는 것을 앎으로 만족한다. 이 믿음으로 우리는 '주님의 임재하심에서 나타나는 신선한 역사'들을 기다린다.

BETEL에서는 성령의 임재하심에 흥분하기도 하고 동시에 평안을 찾기도 하고, 또 놀라기도 하며 위로를 얻기도 한다. 우리는 우리 임의로 성령의 초자연적 사역에 제한을 둘 필요가 없음을 깨달았다.

하나님께서는 '우리가 요구하거나 생각하는 것보다 더 풍성하게' 신사적으로 항상 말씀의 경계와 질서 속에서 일하신다.

우리는 그리스도의 몸의 다른 줄기에서 우리에게 와서 사역하고 말씀을 전하는 것을 환영한다. 우리는 많은 부류의 성경적 기독교사역자들로부터 도움을 받는다. 전통적 목회자들과 카리스마적 목회자들이 우리에게 와서 축복하며 사역한다.

우리가 가끔 오버하기도 하는가? 그렇게 생각하지 않지만, 우리는 모든 사람들의 취향과 민감성을 기쁘게 할 수 없다. 한 방문자가 라울 카스토에게 "왜 BETEL의 예배자들은 다들 그렇게 열정적으로 뛰며 춤추냐"라고 물었다. 라울은 대답했다. "우리가 춤추는 것은 우리가 날지 못하기 때문인 것 같소." 우리의 자유가 불쾌한가? 몇몇에게는 그럴 수 있지만 대부분에게는 아니다.

어느 주일에 나는 스페인 복음주의교회의 고위 관료이자 스페인 왕의 친구인 Sr. Monroy를 설교자로 초청했다. 그는 스페인 정부 앞에서 개신교와 복음주의 교회를 법적으로 대표하는 주요인물이기도 하였다. 더욱이 그는 스페인의 가장 보수적인 교단의 대변인이었다.

예배가 끝나고 그가 와서 말했다. "스페인 국왕님이 여기 와서 이 BETEL인들의 노래하는 것을 봤으면 좋겠네요." 별난 일이다. 우리는 BETEL에 한 명도 전문적인 뮤지션들이 없다. 단지 성령님이 훈련하신 예배자만 있을 뿐.

아홉째, BETEL은 일한다. 그리고 BETEL은 무료다.

BETEL은 여러 수익창출 활동들의 전세계적 네트워크를 통해 완전히 무료의 프로그램을 필요한 사람들에게 제공한다.

독일 라벤호스트 농장 BETEL에서 어느 날 아침 묵상을 마쳤을 때였다. 들어 온 지 하루 이틀 된 새로운 사람이 다가와서 당혹해하며 물었다. "BETEL이 하는 전부는 노래하고 기도하고 성경 읽는 것뿐이네요!. 대체 재활프로그램은 어디 있습니까?"

나는 대답했다. "바로 이게 재활프로그램입니다." 그는 만족하지 못하고 개인 방에 앉아 묵상에 참여하지 않았다. 특히 일을 하기 싫어했다. 그는 며칠 있지 못했다.

우리는 일해야만 하고 일하고 싶어 한다. 우리는 우리의 세계에 퍼져 있는 거대한 공동체를 지원하기 위해 필요한 자원을 위해서 일한다. BETEL은 우리 공동체에 살고 프로그램에 참여하는 어떤 이로부터도 돈을 요구하지 않는다.

어느 나라와 지역에서는 정부에서 범죄자들을 수용하는 것에 대한 주택지원이나 기타 지원을 받기도 한다. 하지만 이는 극히 드물다. 우리는 전적으로 하나님과 우리의 노력에 의지한다.

BETEL은 무료다. 하지만 건강하고 일할 수 있는 멤버들은 공동체의 일부분으로서 공동체의 책무에 참여해야 한다. 음식을 준비하고 집을 청소하고 재산을 관리하고 또 새로운 멤버들을 보살펴준다. 그리고 몇몇은 노동팀에 합류하여 밖에서 수익사업에 동참한다.

중고가게 운영, BETEL 차와 트럭 운전, 철물수집, 닭, 돼지 농장 등. 그리고 또 몇몇은 페인팅, 미장이, 전기공, 배관공, 가드닝 등의 건설 일을 한다. 또 수리공 가게, 커피숍, 기독교 서점, 식당 등의 이익창출사업을 운영한다.

어느 누구도 월급을 받지 않는다. 모든 수익은 BETEL공동체 운영에

쓰여 진다. 나라마다 조금씩 다르지만 대체적으로 BETEL운영비의 90~95%는 이러한 수익사업에서 충당된다. 여전히 5~10%의 지출액은 수백만 달러의 기부금과 헌금으로 충당된다. 우리는 350여 개의 크고 작은 거주 집들, 100개가 넘는 가게와 교회건물 등이 있다. 2000명이 넘는 인원들이 우리의 무료 공동체에 속하여 살고, 예배하고 일하고 있다.

다른 어떤 기독교 기관의 형제가 한번 나에게 찾아와서 말했다. "BETEL은 믿음이 없어요. BETEL은 일하잖아요." 나는 그에게 말했다. "하나님께서 우리 우편함에 사시면서 항상 자원을 공급해주시는 것을 믿는 것, 아니면 마약중독자, 창녀, 도둑들이 사업을 충성스럽게 경영하고 많은 재정을 담당하면서도 훔치지 않을 것을 믿는 것, 둘 중에 어떤 것이 더 큰 믿음을 요구합니까? 당신은 하나님께서 돈을 공급하실 것이라고 믿지요? 저희는 하나님께서 우리 BETEL같은 가난한 사람들이 돈을 벌수 있게 해주실 것을 믿습니다."

돈을 넘어서, 노동은 치료다. 노동은 인격을 만들고 사람들로 하여금 긍지를 가지고 스스로를 세울 수 있도록 한다. BETEL에서 사람들에게 일을 줄 때 그들은 BETEL 밖에서도 일을 하고 직장을 얻고 가정을 감당할 수 있는 능력을 키워준다.

열째, BETEL은 누군가에게는 소명이고, 또 다른 누군가에게는 쉼터요 치유하는 곳이다.

BETEL은 어떤 종파가 아니다. 어떤 함정도 아니다. 그저 어떤 약하고 장애가 있는 사람들이 와서 세상의 현실로부터 숨는 장소가 아니다. 통계학이 잘 말해준다. 1985년 이후 140,000명 이상의 사람들이 BETEL 공동체를 지나갔다.

현재 우리 공동체 인원은 2,000명이다. 우리는 새로운 중독자들이 일 년에서 18개월 정도를 함께 생활하기를 권장한다. 대부분의 사람들이 며칠이나 몇 달만 있다가 프로그램을 떠나기도 한다. 우린 회전율이 꽤 높다.

하지만 수만 명의 사람들이 BETEL을 성공적으로 졸업하고 가정으로 돌아가 원하는 교회로 가입한다. 현재 340명 정도만이 목회자, 하우스 리더 혹은 감독으로 있다. 그들은 BETEL에 하나님의 부르심이 있다고 믿고 장기적으로 남은 사람들이다. 이들은 전체의 17% 정도이다. 340명은 우리를 통과한 140,000명과 비교하면 극소수의 사람들이다.

우리는 종파가 아니라 우리의 사역으로 부르심을 받은 사람들을 걸러 내고 또 많은 사람들을 BETEL 밖에서 하나님의 뜻을 이루도록 허용하는 일종의 '체' 의 역할을 한다고 볼 수 있다. 어떤 의미에선 우리가 출애 굽의 엘림과 같기도 하다. 하나님과 그의 약속하신 땅에 가는 피로한 순 례자들이 잠시 쉬어가는 우물과 종려나무들이 있는 곳. 산블라스에서 처음 우리 교회건물을 세웠을 때, 우리는 입구에 이 구절을 칠했다.

> "여호와께서 과연 여기 계시거늘 내가 알지 못하였도다..... 이
> 곳이여 이것은 다름 아닌 하나님의 집이요 이는 하늘의 문이로
> 다"(창 28:16~18)

야곱은 이곳의 이름을 BETEL이라고 지었다. 사기꾼 야곱은 여행 중이었다. 그는 피곤했고 잠시 쉬기 위해 멈추었을 때였다. 그가 쉬고 있을 때 더욱 큰 쉼으로 가는 하늘 문이 열리고 큰 부르심이 들렸다.

> "나는 여호와니 너의 조부 아브라함의 하나님이요 이삭의 하
> 나님이라 네가 누워있는 땅을 내가 너와 네 자손에게 주리니
> 네 자손이 땅의 티끌 같이 되어 네가 서쪽과 동쪽과 북쪽과 남
> 쪽으로 퍼져 나갈지며 땅의 모든 족속이 너와 네 자손으로 말
> 미암아 복을 받으리라"(창 28:13~14)

BETEL에 들어오는 모든 사람들은 쉼을 취하고 다시 길을 떠날 수 있다. 몇몇은 하늘로 눈을 돌리고 아브라함의 축복과 부르심을 받은 사람들이 있다. 온 세계 가정들의 축복이 되는 부르심을 BETEL인들이 품은 것이 바로 이 부르심이다.

우리는 아주 불완전한 사람들일지라도 우리가 믿는 바는 BETEL의 가장 큰 특성은 그리스도를 닮은 우리 BETEL인들이다. 몇몇 용감한 이들이 모세의 권고를 받고 자유하게 된 종들이 나서서 귀를 문에 대고 말한 것이다.

> "내가 주인을 떠나지 아니하겠노라..... 그가 영구히 네 종이되
> 리라"(신 15:16~17)

진정 자유한 사람들로서, 하나님께서 우리의 헌신을 받으시고 우리에게 영원히 인 찍으시기를 기도한다.

이것이, 짧은 말로, 바로 우리가 누구이며 우리가 하는 일이다. 어느 누구도 스스로를 판단하는 것은 쉽지 않다. 오직 하나님께서만이 진정 우리가 누구인지 아실 것이다. 하지만 우리는 희망한다.

"우리가 다 수건을 벗은 얼굴로 거울을 보는 것 같이 주의 영광을 보매 그와 같은 형상으로 변화하여 영광에서 영광에 이르니 곧 주의 영으로 말미암음이니라" (고후 3:18)

엘리엇 테퍼의 속마음

BETEL 사역이 힘들다. 1983년… 하나님께서… 어려웠고 위험했고 아름답지 않은 사역이었다. 그렇지만 또 다른 측면에서 보면 필요를 아는 사람들의 경우에는 도움을 청한다. 가난하고 주위에 누구도 도움을 주지 않는 사람들의 경우에는 마음을 열고 온다.

1년에 집을 28번 도둑맞았다. BETEL센터는 더 많이 도둑맞았다. BETEL이 어려웠지만 하나님의 놀라운 사랑, 기적, 구원을 경험할 수 있었다. 위기는 있었지만 견딜 수 있었다. 캄보디아의 경우 크메르 루즈에 의해서 수백만 명이 죽었는데 이들에게 격언이 있다.

"When blood runs strong, heart grows warm."

피가 강하게 흘러내릴 때, 심장은 더 따뜻해진다. 초창기의 어려움이 이와 같았다. 에이즈 바이러스를 가진 사람들은 지상의 삶이 짧음을 알고 있었다. 하나님을 경외하였고 자신 안에 그리스도의 죽음을 가지고 다닌다. BETEL에게도 비슷한 격언이 있는데 그것은 "edge of eternity"이다. 즉 영원의 끝자락에 산다는 것이다. 그래서 복음을 더 효과적으로 전달할 수 있었다.

이곳에 있는 수많은 BETELRITO 중에 리더들은 최고다. 비록 공부는 많이 하지 않았지만 성령께서 인도하시고 하나님의 말씀을 가르치고 기술을 배운다. BETEL의 일을 하면서 매우 똑똑한 사람들이 나온다. 내가 이론을 잘 알지는 모르지만, 사람들 중 은사가 드러난다. 전도사, 사업가, 그리스도를 닮아가도록 도움을 준다.

큰 어려움을 겪었다. 하지만 정말 고통스러운 어려움이 있었다. BETEL 사역을 중단 할 만큼 큰 위기였는데 사람들은 위기에 대해서 다르게 반응한다. 아들이 죽었는데 하나님께서 위로하셨다. 하나님의 계획이 있었지만 아내가 2년 동안 슬퍼했다.

그렇지만 슬픔에서 빠져나왔다. 그리고 나는 지속적으로 복음을 전했다. 우리들은 고통스러웠지만 복음을 전하면서 이겨냈다. 우리는 하나님의 부르심을 버릴 수 없다. 하나님은 은혜를 주셨다. 모세처럼 우리는 앞으로 나아갈 것이다.

하나님에 대한 인식, 하나님의 선하심, 하나님의 동행하심에 대한 신뢰, 이에 대한 답을 하기 위해 회심 경험을 말해야 할 것 같다. 1971년 하버드 비즈니스 스쿨을 끝내고 당시 마약을 하던 히피 엘리트들과 활동을 하였다. 어느 날 저녁 찰스 강에 있었다. 강이 얼어 있었다.

나는 구도자였다. 하나님의 음성을 들었다. 새로운 비전, 예루살렘을 봤다. 나는 하나님께 "네, 하나님 저의 일을 하겠습니다."고백했다. 하나님은 지옥을 보여주셨다.

나는 유대인이다. 하지만 지옥을 보았기 때문에 가만히 있을 수 없었다. 무엇을 위해 죽을 것인가? 끊임없는 마음의 갈등 속에서 나는 나의 몸을 쇼 윈도우에 던져버렸다. 어쩌면 죽을 수도 있었다. 하지만 깨어났고 병원에서 나는 하나님의 자비를 구했다.

1971년 하나님의 은혜로 하나님을 인식하는 지식을 주셨는데. 나는 모든 그리스도인들이 그것을 가지기를 바란다. BETEL은 그 사랑과 지옥을 보여주기 때문에 아무리 어려움이 있어도 모든 사람들이 설 수 있다. 하지만 아들 디모데가 죽었을 때 나는 절망했다. 하나님이 살아계시면 어떻게 그렇게 할 수 있는가!

영문학자이자 기독교 변증가로 유명한 C. S.루이스는 「헤아려 본 슬픔」에서 아내 조이를 잃은 슬픔을 비통하게 쏟아놓았다. 무신론자로 살아오던 루이스는 32세(1929년)때 유신론자가 됐다. 이후 그는 역사에 남게 될 기독교 변증서 -「고통의 문제」, 「스크루테이프의 편지」, 「순전한 기독교」, 「예기치 못한 기쁨」 같은 책을 남겼다.

이들 책에서 늘 하나님 편에 서서 변론했던 루이스는 조이를 상실한 슬픔이 얼마나 절망적이었던지 "하나님이 계시는가?"라고 되묻기까지 했다. 믿음을 버린 것이 아니라 아픔을 표현한 말이지만 아내가 없는 현실을 이보다 더 아프게 인식할 순 없을 것이다. 하지만 나는 그렇지 않았다. 나는 하나님의 선하심을 떠날 수 없기 때문이었다. 우리는 하나님의 군병들이지만 누구도 그런 슬픔을 싫어한다.

A. S. 윌리가 디모데가 죽었을 때 장례식장에서 나에게 "하나님께 구

하라. 하나님의 길은 완전하다." 말했다. 나도 고난 받기 싫다. 아이가 죽었을 때, 나는 지혜가 없었다. 첫째가 운전을 했는데 내가 음식을 먹였기 때문이다.

그날 저녁, 하나님께서 내 종 욥, 너는 나의 "욥이다" 라고 말씀하셨다. 너는 너를 정죄하지 말라고 하셨다. 그날 저녁 하나님의 용서와 선하심을 받았다.

어머니께서 내가 기독교인이 된 것을 싫어하셨다. 그리고 선교사가 된다는 것을 더 싫어하셨다. 어머니께서 너는 야망도 없느냐, 세상에서 살아갈 자신이 없느냐? 라고 말씀하셨다. 나는 그때 어머니는 세상에서 가장 야망 있는 사람을 보고 계신다고 말했다.

나는 나의 삶을 최고에 투자하고 있었다. 나는 가난하지 않다. 순간적인 것과 영원한 것을 분별할 수 있다. 긴 비전을 가져야 한다. 모든 것이 불타 없어질 것이다. 무엇이 진짜인가, 무엇이 영원한 것인가를 알아야 한다.

BETEL에서의 두 가지 이야기

존의 이야기

이 이야기는 알코올과 마약중독자였던 존의 이야기입니다. 어릴 때부터 결손가정에서 태어나 거리를 방황하던 존은 중독자의 삶을 살았습니다. 매일 도둑질을 하며 돈을 구했고 마약에 찌든 삶을 살았습니다. 그에게 삶의 목적과 희망은 없었습니다. 청년이 되어 결혼을 하지만 중독으로 망쳐진 삶으로 인해 아내와 자녀를 떠나보내는 절박한 상황에 직면하기도 했습니다. 그러다 우연히 엘리엇 테퍼의 사역기관인 베텔(BETEL)공동체를 알게 되고 그곳에서 변화를 받아 새로운 인생을 살게 되었습니다. 다음의 이야기는 존의 이야기를 그림으로 재구성한 것입니다.

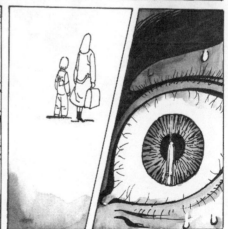

존은 영국인이었습니다.

어려서 부모로부터 버림을 받아 거리에서 술과 마약으로 삶을 보내고 있었습니다.

스페인에서 자란 한 여인을 만나 자녀까지 두었지만 그의 중독 인생은 계속 되었습니다. 아내 역시 한때 마약중독자였지만 아이를 가지게 되자 새로운 삶을 살기 위해 몸부림쳤습니다. 하지만 함께 노력하지 않는 남편 존을 보면서 안타까워했습니다. 존의 아내는 더 이상 지체할 수 없었습니다. 자신들의 삶으로 인해 새로운 생명인 자녀마저 중독자의 삶을 살게 할 수는 없었습니다.

하루는 대단한 결심을 품고 존에게 말했습니다.

"존, 우리는 새로운 삶을 살아야 해요. 당신과 내가 새롭게 힘을 합해 일어서야 해요. 우리는 중독에서 벗어날 수 있어요."

아내는 새로운 삶을 살자고 수 없이 요청했으나 존은 그녀의 목소리가 들리지 않았습니다. 그의 영혼은 이미 죄에 종속되어 더 이상 이성적인 판단을 하지 못하고 있었습니다.

거듭된 요청에도 삶은 변화되지 않았고 그의 아내는 결국 아이를 데리고 존의 곁을 떠나고 말았습니다.

결국 혼자 남게 된 존.

아내와 아이가 떠남으로 인해 고통스러웠지만 오히려 그것은 더욱 마약을 하게 되는 핑계가 되었습니다. 시간이 흐를수록 중독된 삶은 생명을 위협하고 있었습니다.

마약을 하기 위해 물건을 훔치고 거리에서 생활하고 떠돌아 다녔습니다.

가끔씩 생각나는 아내와 자녀에 대한 마음은 그를 슬프게 했지만 할 수 있는 것은 아무것도 없었습니다.

시간은 흘러갔고 존은 무작정 아내가 있을 것으로 추정되는 스페인으로 발걸음을 옮겼습니다. 아내가 스페인 여성이었기 때문에 막연하게 그곳에 있을 것이라는 생각을 했습니다. 하지만 스페인으로 가는 도중에 그의 중독은 더욱 심해져 갔고 결국 목숨을 연명하는 것조차 어려운 상황에 직면하게 되었습니다.

모든 것을 포기할 즈음.
존은 한 장의 전단지를 보게 되었습니다.
베텔(BETEL).
기록된 내용은 존의 마음을 움직였습니다.

"먹을 수 있고, 편히 쉴 수 있고, 직업까지 구할 수 있도록 도와드립니다."
"그리고 당신은 중독에서 벗어날 수 있습니다."

존은 베텔(BETEL)을 찾아가지 않을 수 없었습니다. 자신에게 주어진 마지막 기회라는 것을 생각했습니다. 베텔(BETEL)에서 열심히 중독과 싸웠고 변화되어 가는 자신을 보며 놀라워했습니다. 더불어 아내와 아이를 만날 수 있기를 기도했습니다. 하지만 내면에 있는 중독의 속성이 완전히 사라진 것은 아니었습니다.

베텔(BETEL)에서는 신앙을 강요하지 않았지만 의무적으로 드려야 하는 예배가 있었기에 그의 신앙은 계속 성장했습니다. 날마다 자신의 변화를 위해 기도했고 어디에 살고 있는지 모르지만 아내와 아이를 위하여 기도했습니다.

그러던 어느 날 자신에게 일을 가르치고 있던 상사가 불렀습니다. 그리고 말하기를 "이 키를 받으세요. 그리고 자동차를 타고 가서 우리가 판매한 중고 가구용품 판매비 1000유로를 받아오세요." 존은 자동차 키를 받는 순간 긴장했습니다.
자신의 마음이 흔들리는 것을 발견했기 때문이었습니다. 저 자동차를 팔면 마약을 할 수 있다는 생각이 순간 존을 힘들게 했지만 이겨낼 수 있었습니다. 맡은 일을 성실히 수행했고 자동차 키를 다시 상사에게 돌려주면서 말했습니다.

"지금까지 저를 믿어준 사람은 아무도 없었습니다. 그리고 살면서 오늘처럼 저에 대하여 자긍심을 가져본 일이 없었습니다. 믿어주셔서 감사합니다."

존은 결국 중독의 늪에서 벗어났습니다.
존이 이렇게 변화되리라고는 아무도 상상할 수 없었습니다.

새로운 삶을 살게 된 것을 기뻐했고 세례를 받기 위하여 주일을 기다리고 있었습니다.

그리고 세례를 받는 날
베텔(BETEL) 교회에 존의 아내와 아들이 예배를 드리고 있었습니다. 그들은 우연히 교회에 들린 것이었습니다.
변해버린 남편과 아버지를 만난 아내와 아들은 믿을 수 없었습니다. 기적과 같은 이 만남은 분명 그들에게 축복이었습니다.
하나님의 섭리였습니다.

가정은 회복되었고 존의 행복은 다시 찾아 왔습니다.

"누구든지 그리스도 안에서 있으면 새로운 피조물이라"고 성경은 기록하고 있습니다.
존의 새로운 출발은 예수님 안에서 가능했습니다.

엘리엇의 이야기

이 이야기는 엘리엇 테퍼 선교사의 이야기입니다. 엘리엇 테퍼와 메리 테퍼 선교사 부부에게는 4명의 아들이 있었습니다. 큰아들 데이비드와 조나단, 피터, 디모데였습니다. 그중에서도 특히, 디모데는 선교사의 소명이 있었습니다. 디모데의 꿈은 선교사가 되는 것이었기에 보통 아이들처럼 장난꾸러기에다 매우 활동적이었지만, 하나님을 사랑하는 아이였고 영성이 뛰어났습니다. 다음의 장면들은 엘리엇 테퍼 선교사의 사역이 가장 큰 위기를 맞이했던 사건을 그림으로 재구성한 것입니다.

1991년 스페인에서의 사역을 마치고 안식년으로 미국 북 캘롤라이나로 돌아 왔을 때, 엘리엇의 아내 메리가 버지니아에 있는 장로회 여전도회의 수련회 강사로 초청을 받았습니다. 그녀는 왠지 모르게 본능적으로 좋지 않은 일이 있을 것 같아, 가서는 안 될 것 같다고 했지만, 결국 가게 되었습니다.

그리고 메리는 엘리엇과 자녀들이 2~3일간의 휴가를 보내기 위해 키티 혹 해변에 가는 것도 원하지 않았습니다. 하지만, 엘리엇은 특별한 것을 원했고, 그의 소신대로 밀고 나갔습니다.

여행을 위해 짐을 꾸리고 분주한 시간. 기분이 좋지 않았던 디모데는 침대에서 일어나기 싫어하는데, 엘리엇은 데이비드를 구슬리고 디모데는 아빠의 말에 따라 움직여 주었습니다.

그리고 준비를 마친 엘리엇은 일주일 전에 운전면허를 딴 데이비드에게 운전을 허락했는데, 처음 운전대를 잡은 데이비드는 들떠 있었습니다. 디모데는 데이비드의 옆 좌석에, 엘리엇은 중간 좌석에, 조나단과 피터는 제일 뒤에 앉았습니다.

벌써 운전을 할 수 있는 아들을 두었다는 생각에 엘리엇은 기분이 좋았습니다.

듬직한 기분이었고, 앉아서 쉴 수도 있었습니다. 여행을 시작하기 전에 안전을 의탁하는 기도를 드렸고, 큰 소리로 시편 1~4편을 읽었는데, 모두는 차 안에서 주님의 임재를 느꼈습니다. 하나님의 말씀을 읽으며 주님을 찬양하는 동안 모두가 예외 없이 기쁨으로 충만했습니다.

(기도하는 엘리엇)

엘리엇 : "4명의 아들을 주신 하나님께 감사드립니다."

(아이들을 향해서)

엘리엇 : "얘들아 너희는 위대한 사람이 될 거야. 하나님께서 너희들을 위대하게 만드셨거든. 그렇지만 선교하는 것을 늘 잊지 않겠다고 약속해다오. 너희들이 어디서 왔는지 항상 기억하도록 해라"

차가 어느 정도 달리고, 아이들은 휴대용 아이스박스를 열어서 샌드위치를 꺼내 나누어 먹었습니다. 디모데는 먹고 싶지 않다고 하며 잠을 자기를 원했습니다. 그래서 엘리엇은 안전띠를 느슨하게 해주고 디모데에게 키스 하면서 "디모데야 사랑한다." 라고 했습니다. 데이비드는 손을 내밀어 디모데 팔을 비비면서 미소를 지었습니다. 데이비드도 샌드위치를 먹었습니다.

이것이 엘리엇의 실수였습니다. 데이비드가 운전할 때 샌드위치를 먹지 못하게 했어야 했는데 그렇게 하지 않았던 것입니다. 데이비드는 초보 운전자였으므로 엘리엇이 건네준 샌드위치를 먹느라 그만 방심했던 것입니다.

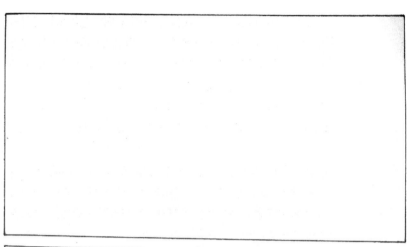

몇 초 사이에 우리는 커브 길로 진입했고, 순간적으로 차가 갓길로 미끄러졌습니다.

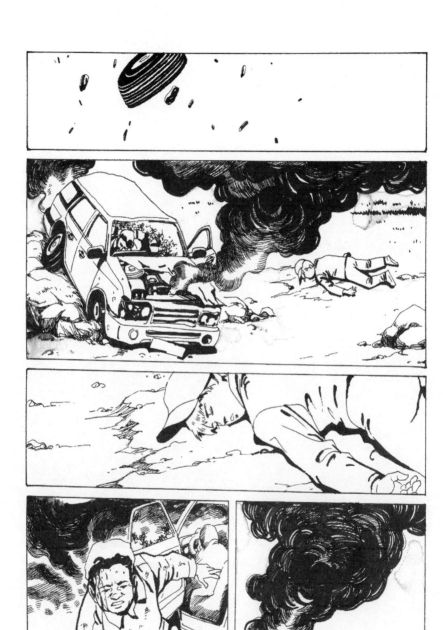

우리 자동차는 차선을 벗어나 여러 번 뒤집혔습니다. 거의 모든 창문이 깨어지고, 유리조각이 사방으로 흩어졌습니다. 정신을 차리고 보니, 모두가 사고에 비해선 심하게 다친 것 같지 않았습니다. 저는 자동차 천장에 머리를 부딪쳤고, 데이비드는 창문 조각에 조금 베였을 뿐이었습니다. 참으로 기이한 사고였습니다. 그러나 그때 앞자리에 있던 디모데가 보이지 않았습니다. 옆 창문으로 뛰어나가 뒤를 돌아보니 디모데가 거기 엎드려져 있었습니다.

디모데는 자동차 옆에 있었고 평화가 가득한 얼굴을 하고 있었습니다. 엘리엇과 디모데의 사이에는 깊은 교감이 흘렀습니다. 엘리엇은 디모데에게 가까이 다가가 붙들고, 말을 걸며 들어올렸습니다.

엘리엇 : "디모데야, 주님은 좋은 분이셔, 하나님께서는 우리를 사랑하시고, 예수님은 지금 우리와 함께 계신단다."

하나님이 그때 그들과 함께 계셨습니다. 사람들은 힘들 때 천국의 실재에 대하여, 그리고 살아계신 하나님의 실재에 대하여 의심하겠지만, 엘리엇과 디모데는 그때 하나님이 함께 하셨음을 믿었습니다.

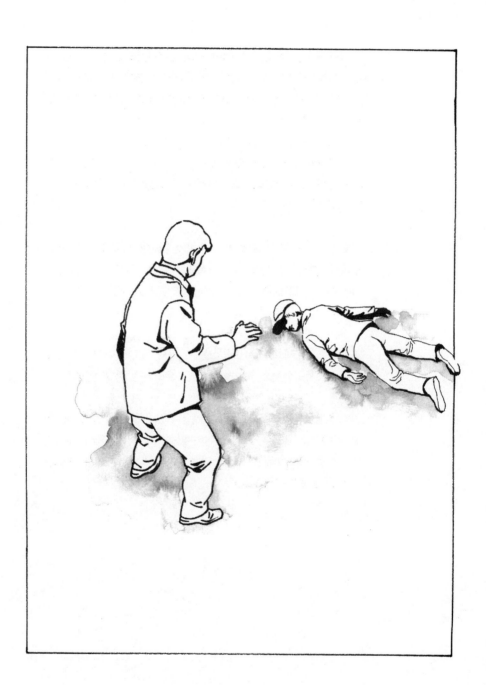

교통사고는 북 캐롤라이나 폴록스 빌에 있던 어느 기독교인 집 앞뜰 근처에서 일어났습니다. 구조 요청 전화를 하고, 구급차가 도착했을 때까지만 해도 디모데는 살아 있었지만, 몇 분 뒤 엘리엇의 팔에 안긴 채 주님의 곁으로 갔습니다.

엘리엇의 아내는 고통의 세월을 보냈습니다. 버지니아에 강사로 간 것과 더 강력하게 남편 엘리엇에게 여행을 가지 못하도록 막지 못한 것을 힘들어 했습니다. 그리고 큰아들 데이비드 역시 자신의 운전 부주의로 동생이 죽었다는 자책감과 죄책감으로 긴 고통의 세월을 보냈습니다. 엘리엇도 자책감에 빠져 있었습니다. 아내의 말을 듣지 않았던 것과 데이비드에게 샌드위치를 건네준 자신의 실수를 고통스러워했습니다. 둘째와 셋째 아들 역시 뒤에서 장난치며 놀기 위해 막냇동생 디모데를 앞좌석에 앉게 한 것을 자책했습니다.

하지만 그들은 고통 가운데 슬픔이 가득찼지만 그 상처를 이겨내려고 노력했습니다. 엘리엇은 세월이 흐른 뒤 고백했습니다.
"그때 우리들의 사역도 끝이 날 뻔 했습니다."
하지만 엘리엇과 남은 가족은 절망을 넘어서 다시 가난하고 연약한 사람들을 돕기 위해 스페인으로 돌아갔습니다. 엘리엇은 계속 말했습니다.
"디모데는 천국에 있습니다. 아버지의 나라에 있습니다. 저는 저의 목숨이 다하는 날까지 중독자들을 돕는 삶을 살 것입니다. 그리고 생명을 다하고 천국에서 아들 디모데를 만날 것이고 그때 부끄럽지 않은 모습을 보여 줄 것입니다."

엘리엇의 아내는 이후 디모데의 곁으로 떠났습니다.
남아 있는 엘리엇은 여전히 중독자들을 돕는 삶을 살고 있습니다. 그리고 나머지 세 아들도 중독자들을 돕는 삶을 살거나 목회자로 살고 있으면 경제학자가 되어 가난한 자를 돕고 있습니다.

에필로그

8월, 대부분의 사람들이 가정으로 돌아가는 늦은 시간. 저녁 10시를 넘기고 있었다. 포클레인으로 일을 하는 사람들이 보였는데 그들은 바로 약물과 마약 중독자들이 모인 치료 자활 공동체 '소망을 나누는 사람들'에서 생활하는 사람들이었다. 인천시가 도시 정비일환으로 노후된 가로 판매대를 새롭게 보급하는 일을 시작하면서 소망을 나누는 사람들에게 그 일을 맡긴 것이었다.

이들은 누구보다 열심히 구슬땀을 흘리고 있었다. 세상으로부터 버림받았다고 생각했던 사람들, 삶의 목적과 방향을 잃어버리고 방황했던 사람들의 열심은 대단했다.

그들과 짧은 시간이었지만 함께 하면서 나누었던 이야기를 기억한다.

"저는 저희 집 하수구에다 마약을 많이 숨겼습니다."
"저는 집에 텔레비전이나 스피커를 드라이버로 열어 거기에
숨겨놓고 다시 잠그거나 아니면 아예 안방에다 숨겨놓습니다.
안방은 안 찾거든요."

"전 차에다 많이 숨겼는데요. 제일 내 몸하고 가까운 데, 자주 이용하는 데, 그러면서도 남들은 못 찾는 데. 그런 곳에 숨깁니다. 그러니까 차도 막 여기저기 찾으려고 하면 숨기려고 하는 데가 정해져 있잖아요. 저는 시트에다가 딱 숨겼어요."

"예전에 그거(마약) 할 때 제일 아쉬웠던 때가 있었다면, 딱 한 번 할 수 있는 분량만 남았는데 재래식 화장실에서 볼일 보고 깜빡 잊어버려 일어나면서 그게 쑥 빠져 버린 겁니다. 약이 똥으로 빠졌으니 어떻게 할 수도 없고... 허무 했습니다. 하나님 만났을 때보다 더 울었어요. 잊어버리면 덜 열 받는데 제 실수로 떨어뜨렸으니 저를 용납을 못하는 거예요. 제가 요즘 충만한 편이라 눈물이 잘 나는데요. 하나님 만났을 때보다 더 펑펑 울었어요."

그들은 매우 진솔했다. 분명한 과거의 기억들이 존재했고 그 기억의 잔상은 후회의 눈빛으로 가득했다. 하지만 그 후회는 새롭게 인생을 설계하는 땀 앞에서는 오히려 약이 되고 있었다.

"진짜 그게 마지막이라고 하면서도 몸에 들어가는 순간 후회를 해요. '하나님 잘못했습니다.' 하고 우는데 콧물, 눈물 막 떨어지지, 주변에 창피하기도 하지, 그 당시에는 몰랐는데 눈물을 닦고 나니까 너무 창피한 거예요. 콧물도 막 나온 대다가..."

"마약을 하는 사람들이 대부분 바늘을 넣은 다음에 후회를 하는 거예요. 넣는 과정까지는 후회를 안 해요. 한번 딱 꽂히게 되면 망설임이 없어요. 근데 들어간 다음에는 후회가 되고 점점 더 후회가 되다 보니까 더 집어넣고 아니면 끝내는 목을 다는 사람들이... "

정신과 의사로 유명한 은혜와 중독의 작가 제랄드 메이는 "세상 사람들의 95%는 무엇인가에 중독되어 살아갑니다. 그리고 나머지 5%만이 정상적인 사람이라고 볼 수 있는데 나는 아직까지 그 5%를 만난 일이 없습니다."라고 말했다.

이 말의 의미는 분명하다. 모든 사람들은 중독되어 있다는 것이다. 나는 이 책을 마무리 하면서 우리 모두는 중독되어 있다는 말에 동의한다. 그래서 이 지긋지긋한 중독에서 벗어날 수 있는 방법이 무엇인지 찾는 것이다. 그리고 그 해답을 찾았다.

오직 복음으로 중독에서 벗어 날 수 있다. 중독의 원인이 죄에서 기인하기 때문이다. 그러므로 중독에 빠져 있거나 중독의 위험성이 있는 모든 사람들에게 말하고 싶다. 당신은 새롭게 될 수 있습니다. 오직 복음으로 여러분들은 회복될 것입니다.

"그런즉 누구든지 그리스도 안에 있으면 새로운 피조물이라 이전 것은 지나갔으니 보라 새 것이 되었도다" (고후 5:17)